第七册

中华传统文化

走进齐文化

7

《中华传统文化——走进齐文化》编委会 编

中国社会科学出版社

图书在版编目(CIP)数据

中华传统文化:走进齐文化:全十二册/《中华传统文化——走进齐文化》编委会编. —北京：中国社会科学出版社，2023.6（2023.11重印）
ISBN 978-7-5227-2077-7

Ⅰ.①中…　Ⅱ.①中…　Ⅲ.①齐文化—青少年读物
Ⅳ.①K871.3-49

中国国家版本馆 CIP 数据核字（2023）第 105321 号

出　版　人	赵剑英
责任编辑	孙婷筠
责任校对	牛　玺
责任印制	戴　宽

出　　版	中国社会科学出版社
社　　址	北京鼓楼西大街甲 158 号
邮　　编	100720
网　　址	http://www.csspw.cn
发 行 部	010-84083685
门 市 部	010-84029450
经　　销	新华书店及其他书店

印刷装订	北京君升印刷有限公司
版　　次	2023 年 6 月第 1 版
印　　次	2023 年 11 月第 2 次印刷

开　　本	710×1000　1/16
印　　张	95
字　　数	1505 千字
定　　价	163.00 元（全十二册）

凡购买中国社会科学出版社图书，如有质量问题请与本社营销中心联系调换
电话：010-84083683
版权所有　侵权必究

《中华传统文化——走进齐文化》编纂委员会

主　　任：崔国华

副 主 任：张锡华　王先伟　刘建伟　段玉强　王　鹏　冷建敏
　　　　　刘　琳　罗海蛟

名誉主任：张成刚　刘学军　宋爱国

委　　员：（以姓氏笔画为序）

王　宏　王　凯　许之学　许跃刚　孙正军　孙林涛　孙镜峰
李安亮　李新彦　李德乾　张建仁　张振斌　韩相永　路　栋

《中华传统文化——走进齐文化》编审人员

主　　编：徐广福　李德刚

副 主 编：王　鹏　朱奉强　许跃刚　李新彦　吴同德　于建磊
　　　　　闫永洁

编写人员：（以姓氏笔画为序）

于孝连　王会芳　王桂刚　王景涛　边心国　齐玉芝　李东梅
张爱玲　赵文辉　高科江　袁训海

《中华传统文化——走进齐文化》本册编委

本册主编：李安亮　王会芳
副 主 编：徐素华　单丽丽
编　　者：周淑玲　耿　静　温延萍　王建萍
　　　　　侯玉霞　姜凤霞　张艳霞　朱　俭
　　　　　张　琼　夏　磊　胡　艳　于文静
美术编辑：徐素华

前　言

齐文化是中华民族传统文化的重要组成部分,它所具有的鲜明的开放、包容、务实、创新的文化精神,不仅在我国古代社会产生过重大影响,而且已经穿越时空,历久弥新,对今人依然有许多启迪和借鉴意义。

《中华传统文化——走进齐文化》编写委员会以教育部《完善中华优秀传统文化教育指导纲要》为指针,从传统文化与时代精神的结合上把握齐文化的特点,遵循青少年身心发展规律和教育规律,面向中小学生,一体化设计本书的编写内容与编写体例,使本书由浅入深,由分到总,由具象到抽象,由感性到理性,点面结合,纵向延伸,呈现出层级性、有序性、衔接性和系统性。

本书编写以"亲近齐文化—感知齐文化—理解齐文化—探究齐文化"为总体编写思路。

小学低年级（一至二年级）,以滋养学生对齐文化的亲近感为侧重点,开展启蒙教育,培育热爱齐文化的情感。

小学高年级（三至五年级）,以提高学生对齐文化的感知力为侧重点,开展认知教育,使学生了解齐文化的丰富多彩。

初中阶段,以增强学生对齐文化的理解力为侧重点,开展通识教

育，使学生了解齐国历史的重要史实和发展的基本线索，以及齐地风俗，赏析齐国的文学艺术和经典名著选段，提高对齐文化的认同度。

高中阶段，以提升学生对齐文化的理性认识为侧重点，开展探究教育，引导学生认识齐文化形成与发展的悠久历史过程，领悟齐人创造的物质文化、制度文化和精神文化，探究齐文化的重要学说，发掘齐文化的历史价值和现实意义，弘扬和光大齐文化。

基于上述编写的指导思想与编写思路，本书在编写过程中与时俱进，注重齐文化教育与践行社会主义核心价值观相结合，齐文化教育与时代精神相结合，课堂学习与实践教育相结合，学校教育、家庭教育与社会教育相结合。

正如经济领域有第一产业、第二产业、第三产业一样，教育领域也有第一课堂、第二课堂、第三课堂。本书的编写意在为中小学生的第三课堂提供一套系统化的齐文化"课程"。从小学一年级到高中三年级共计十二册，学生经过十二年的序列化学习，逐步深入了解齐文化、继承齐文化，并创新性地发展齐文化。青少年学生通过亲近、感知、理解、探究齐文化，以此弘扬爱国主义精神，培养家国情怀，提升文化自信力，为实现中华民族伟大复兴的中国梦奋然前行。

《中华传统文化——走进齐文化》编委会

2023 年 2 月

目 录

第一单元　齐国史话

第 1 课　霸业崩溃 …………………………………… 2

第 2 课　顷公中兴 …………………………………… 5

第 3 课　景晏图霸 …………………………………… 8

第 4 课　孔子来齐 …………………………………… 12

第二单元　齐风韶韵

第 5 课　齐地神话——后羿射日 …………………… 16

第 6 课　古诗三首 …………………………………… 19

第 7 课　音乐理论《晏婴论和与同》 ………………… 22

第 8 课　艺海拾贝《滥竽充数》 ……………………… 25

活动探究　古典诗歌朗诵比赛 ……………………… 28

第三单元　《管子》文选

第 9 课　管子·立政（节选）………………………… 32

第 10 课　管子·权修（节选）………………………… 35

第 11 课　管子·乘马（节选）………………………… 38

第 12 课　管子·禁藏（节选）………………………… 41

第四单元　《晏子春秋》文选

第 13 课　晏子春秋·卷三第十八（节选）…………… 45

第 14 课　晏子春秋·卷三第十七（节选）…………… 48

第 15 课　晏子春秋·卷四第十四（节选）…………… 51

第 16 课　晏子春秋·卷三第三（节选）……………… 54

第五单元 《司马法》文选
第17课 司马法·仁本（节选）……………………58
第18课 司马法·定爵（节选）……………………61
第19课 司马法·严位（节选）……………………64
第20课 司马法·天子之义（节选）………………67

第六单元 稷下论坛（黄老学派）
第21课 慎子《因循》………………………………71
第22课 慎子《德立》………………………………74
第23课 田子捃逸"田骈以道术说齐"………………77
第24课 田子捃逸"齐人见田骈"……………………80

第七单元 齐医学相关文选
第25课 扁鹊内经（节选）…………………………84
第26课 扁鹊外经（节选）…………………………87
第27课 淳于意·医例一……………………………90
第28课 淳于意·医例二……………………………93
活动探究 扁鹊见蔡桓公（情景剧表演）…………96

第八单元 齐国风俗
第29课 求富图强……………………………………100
第30课 好仁重利……………………………………103

附1：周代齐国年表…………………………………106
附2：周代齐国历史大事记…………………………109

第一单元

齐国史话

齐桓公的霸业,是春秋时期齐国在政治上的最大辉煌,齐桓公后期,他辉煌的霸业是如何崩溃的呢?俗话说:"金无足赤,人无完人",人有错误不可怕,重要的是认识到错误,浪子回头,痛改前非。在齐国历史上就有这样一位过而能改、知耻后勇的模范,他就是齐顷公。晏婴和孔子是春秋时期著名的政治家、思想家,他们在齐国历史上留下了怎样的史话?

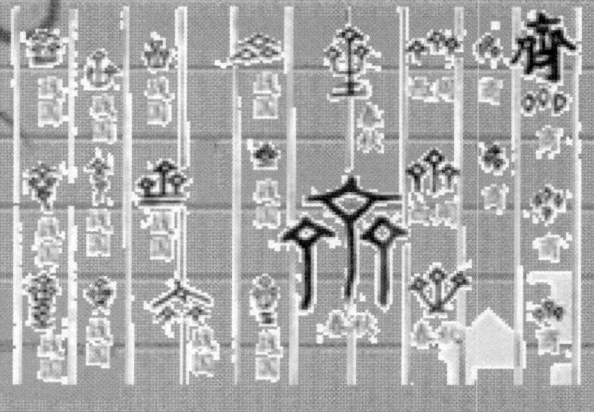

中华传统文化

第1课　霸业崩溃

春秋时期的齐国，经济富庶，是东方一个大国。齐桓公任用管仲为相，改革内政，发展生产，组建强大军队，"尊王攘夷"，扩充疆界。齐国国富兵强，齐桓公成为春秋首霸。曾经的霸主最后是如何惨死的？他的霸业又是如何崩溃的呢？

桓公三宠

齐桓公后期，公子开方、竖（shù）刁（diāo）和易牙，这三个人陪着齐桓公吃喝玩乐，非常得齐桓公宠幸。公子开方是卫国公子，他放弃了公子的地位来服侍齐桓公，父亲去世也没有回去奔丧；竖刁原是贵族家的孩子，小时候被送到宫里服侍齐桓公，长大后被父母接

回家里，但他特别怀念宫里的生活，于是狠下心自宫，重回到齐桓公的身边；易牙是个优秀的厨师，一次给齐桓公做了个烹乳猪，齐桓公顺口说了一句，乳猪这么好吃，不知道和婴儿肉比起来怎么样？第二天，易牙便把自己的儿子烹了给齐桓公吃，齐桓公十分感动。

病榻论相

桓公四十一年，为齐国霸业呕心沥血的管仲患了重病，齐桓公去探望他，询问谁能继承他的相位。管仲说，国君应该是最了解臣下的。齐桓公欲

任鲍叔牙，管仲说："鲍叔牙是君子，但他善恶过于分明，见人之一恶，终身不忘，这样是不可以为政的。"桓公又问易牙如何，管仲说："易牙为了满足国君的要求不惜烹了自己的儿子讨好国君，没有人性，不宜为相。"桓

公又问开方如何，管仲说："公子开方舍弃了做千乘之国太子的机会，屈奉国君十五年，父亲去世也不会去奔丧，如此无情无义，如何能忠于国君？况千乘之地都不能满足他，他的野心一定更大，国君更应该疏远他才对。"桓公又问竖刁如何，管仲说："他宁愿自残身体来侍奉国君，这样不爱惜自己的身体，是违反人情的，怎么会忠心于您呢？请国君务必疏远这三个人，宠信他们，国家必乱。"管仲说罢，见齐桓公面露难色，便向他推荐了为人忠厚、不耻下问的隰（xí）朋。

霸业崩溃

不久，管仲去世，隰朋继任仅仅一个月，也去世了。齐桓公没办法，只好请鲍叔牙为相。鲍叔牙继任后，果然将三宠全部赶出门，他看不惯别人的缺点，大家很快都开始烦他。齐桓公也越来越受不了，召回了三宠，鲍叔牙为此郁郁而终。第二年，齐桓公病重，易牙、竖刁见齐桓公将不久于人世，便堵塞宫门，假传君命，不许任何人进去，也不给齐桓公提供饮食。宫女晏娥乘人不备，越墙入宫，探望齐桓公，见桓公正饿得发慌，正索取食物。宫女把易牙、竖刁作乱的事告诉了齐桓公，桓公仰天长叹："如死者有知，我有何面目见仲父！"说罢，用衣袖遮住脸，活活饿死了。桓公死后，宫中大乱，桓公的几个公子为争夺王位各自勾结党羽，互相残杀，致使齐桓公的尸体在床上停放了六七十天都无人收敛，尸体腐烂生蛆，惨不忍睹。第二年，宋襄公率领诸侯送太子昭回国，齐人杀了作乱的公子无亏，

中华传统文化

立太子昭为君，即齐孝公。孝公死后，其子被公子开方杀死，昭公即位，昭公死后，其子被公子商人杀死，公子商人自立为懿公，齐人恨懿公，废其子而立公子元，即齐惠公。一连串的争位结束之后，齐国国力衰落，无力称霸，中原霸业逐渐转移到了晋国。

知识链接

桓公台

桓公台，位于今齐都镇西关北，齐故城小城内北部偏西，西距小城墙约300米。俗称"梳妆台"、"点将台"，东、北面150米之外有河沟（排水道）围绕。夯土基呈长方形，现高14米，南北长86米，东西宽70米。在桓公台周围曾多次出土铺地花纹方砖、脊砖以及有树木双兽纹、树木卷云纹的瓦当。在距桓公台约1000米处，现存有6000平方米的夯土建筑台基，后人俗称"金銮殿"。1972年，省考古研究所就曾于桓公台东北约200米处，发掘清理了一处汉代宫殿建筑遗址。

课外拓展

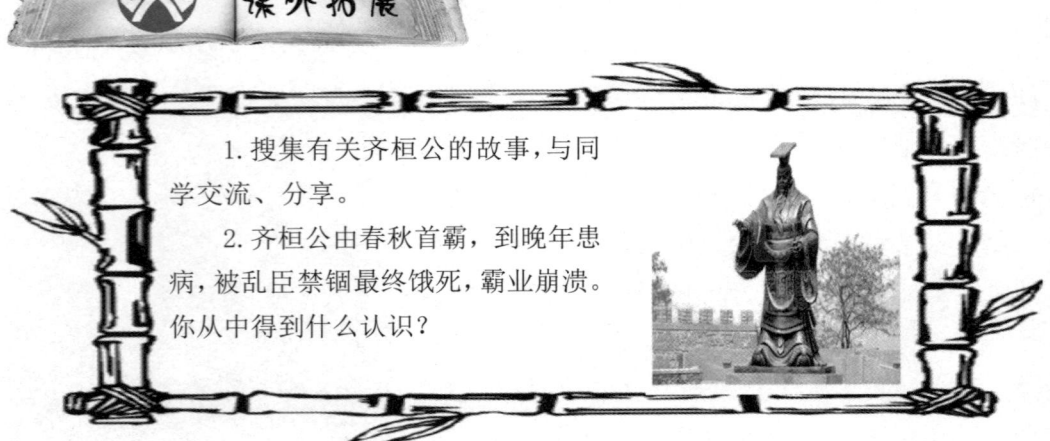

1. 搜集有关齐桓公的故事，与同学交流、分享。

2. 齐桓公由春秋首霸，到晚年患病，被乱臣禁锢最终饿死，霸业崩溃。你从中得到什么认识？

本课参考文献：《齐文化发展史》、百度百科。

 走进齐文化 七

第 2 课　顷公中兴

> 俗话说："金无足赤，人无完人。"人有错误不可怕，重要的是认识到错误，浪子回头，痛改前非。在齐国历史上就有这样一位过而能改、知耻后勇的模范，他就是齐桓公之孙齐顷公姜无野，你想了解他的经历吗？

傲慢引事端

公元前 599 年，齐惠公死，其子齐顷公姜无野继位。

齐顷公想继承祖父齐桓公的霸业，但年轻气盛，傲慢不羁。公元前 592 年，晋国大夫郤（xì）克与鲁、曹、卫三国使者出使齐国，顷公对他们十分轻慢。听说四位使者都有生理缺陷，齐顷公之母萧同叔子便隐于帐后，偷窥他们觐见，并放声嘲笑，令四人怀恨在心。晋国大夫郤克发现有女人嘲笑侮辱他们，为之大怒，当场发誓，一定要报复齐国，一雪此辱。

公元前 589 年，晋、鲁、曹、卫四国联军大举攻伐齐国，双方在鞌（读 ān，同"鞍"。今济南附近）展开了一场激战。战斗开始，齐顷公自恃兵力强盛，认为此战定能取胜，得意地对左右说："我们姑且消灭了晋军再吃早饭吧！"马不披甲就向敌军冲去。由于齐顷公轻敌，结果齐军大败而逃。四国军队围绕华不注山（今济南历城区华山）追赶齐军三圈，齐顷公负伤，险些做了俘虏。幸亏逢（páng）丑父与他更换衣服，才侥幸得脱。

齐顷公

中华传统文化

华不注山：即华山，又名金舆山、尖尖山，位于济南市东北、黄河之南、小清河之北的平原地区，海拔197米，是济南名胜"齐烟九点"中最高的山。

华不注山

顷公中兴

鞌之战后，四国军队乘胜追击，眼看就要打到齐国都城临淄。齐顷公无奈，派国佐携带齐国灭纪时掳获的甗（yǎn）和玉磬（qìng）去见晋军主帅郤克，要求停战。郤克不答应，一定要得到耻笑他的萧桐叔子，还命令齐国把田垄一律改成东西方向。国佐严词拒绝了这些无理要求，与晋军在袁娄（今临淄西）正式签订了盟约，齐国按约定交还所侵占之鲁、卫两国的土地，与晋结盟。

鞌之战后，顷公悔过自新，知耻后勇，励精图治。一方面，他吊问残疾，抚恤百姓，慰问烈士，奖励士卒，还开放自己游猎的园林，减轻赋税，放宽刑政，赈济孤寡；另一方面，他严于律己，七年不喝酒，不吃肉，不听音乐，不近女色。还采取了睦邻友好的外交政策，调整与诸侯的关系。这样使齐国国力很快得以恢复，当年大国的声威又逐渐树立起来，史称"顷公中兴"。

逄（páng）丑父与逄陵故城

鞌之战中，逄（páng）丑父是齐顷公的车右（负责警卫）。两军激战，结果齐军大败，晋国追赶齐军，绕了华不注山三圈。逄（páng）丑父见势不妙，和齐顷公互换了位置和衣服，假装齐顷公。快要到达华泉的时候，骖（cān）马被树木绊住了。由于前几天逄

 走进齐文化 七

（páng）丑父睡在栈车里，有一条蛇爬到他身边，他用小臂去打蛇，小臂受了伤，所以他不能用臂推车前进，结果被晋军将领韩厥追上。逢（páng）丑父赶紧要齐顷公下车，假装到华泉去取水，借故逃走而免于被俘。韩厥献上逢（páng）丑父，晋军主帅郤（xì）克一看是假齐顷公，要杀死他。逢（páng）丑父喊叫说："从今以后再没有代替他国君受难的人了，有一个在这里，还要被杀死吗？"郤克说："一个人不怕用死来使国君免于祸患，我杀了他，不吉利。赦免了他，用来勉励侍奉国君的人。"于是就赦免了逢（páng）丑父。齐顷公也很仗义，逃脱后想去救逢（páng）丑父，在敌军中三进三出，没有得手。齐顷公只得从徐关退到临淄。据宋代《太平寰宇记》记载，逢（páng）丑父回到齐国后，齐顷公为奖励逢（páng）丑父，将逢陵封给了他。逢陵，春秋战国时为齐邑，汉代以后又名於陵。

逢陵故城遗址现位于淄博市周村区王村镇东南，遗址上分布着五个村庄，即张古城、栾古城、曹古城、杨古城、沈古城。

杨古城遗址

"傲慢轻人惹祸端，轻狂出战败阵前。励精图治振齐国，赢得天下人人赞。"齐顷公是知错能改的典范，你还能找出此类典型吗？与同学交流找到的典型，谈一谈自己的感悟。

本课参考资料：《齐文化发展史》、 百度百科。

中华传统文化

第3课　景晏图霸

　　同学们一定学过《晏子使楚》那篇文章吧，在那篇文章里，晏子机智善辩，回击了楚王的种种刁难，维护了齐国的尊严，是一个智多星和外交家的形象。晏婴作为齐国一代名相，辅政四十多年，齐景公有言曰："无晏婴政不清。"他担任齐国相国，采取了哪些治国举措？又如何辅佐齐景公达到霸业的顶峰？

晏婴相齐

晏婴像

　　公元前556年，晏婴的父亲晏弱病逝，晏婴继父位为卿。他历灵公、庄公、景公三朝，齐景公时长期担任相国。晏婴任相期间，立足齐国实际，在政治、经济、外交等方面提出了合乎国情的主张和措施，其主要内容是：

　　以民为本。晏婴把"以民为本"作为治国的根本原则和方法，他明确地指出："卑而不失尊，曲而不失正者，以民为本也。"认为统治者行政要从人民的利益出发，要为民着想，才能得到人民的支持，才能取得成功。

　　以礼治国。晏婴执政期间，齐国的田氏为了夺取政权，笼络民心，在自己的封邑内，采取了"小斗进、大斗出"的惠民之策，势力不断扩大。为遏制田氏势力的增长。晏婴劝谏齐景公，只有以礼治国才能使姜齐的政权维持下去，他劝齐景公带头守礼。

薄敛省刑。齐景公赋敛严重，老百姓收获的三分之二，都要纳入公室；刑罚十分严酷，老百姓动不动就被砍手砍脚，惨不忍睹。晏婴针对当时齐国的实际情况，匡君救失，迫使当政者采取了一系列政治上的改良措施，缓和了矛盾，稳定了局面。

晏婴在民本思想的指导下，以礼治国；敢于直谏，匡君救失；重民举贤，廉俭力行；刚柔相济，忠心爱国；从而使趋于没落的姜齐政权，能够在列国争雄中保持了大国的地位。

晏婴相齐

齐景公姜杵臼，公元前547年至公元前490年在位。他虽生活奢侈，才能平庸，但能任用晏婴为相，善于纳谏，比较重视国事、爱臣爱民，并且有复霸兴国的远大理想，所以，在他任期内，齐国呈现出较为强盛的局面，进而几乎又成了霸主。

公元前530年，齐景公到晋国为晋昭公即位祝贺。宴会中，晋、齐两位国君玩投壶游戏，景公让晋昭公先投，晋国的陪客中行穆子替昭公祝愿说："我们有酒像淮河水一样多，我们有肉像水中高地一样丰富，我们晋君如果投中了，晋国就可以做霸主。"晋昭公一下子投中了，晋国的臣子们一片欢呼。齐景公拿过投箭，也不卑不亢地祝愿说："我有酒像渑水一样多，我有肉像山岭一样丰富，如果我投中了，将代替晋君而强盛。"说完一下投去，也投中了。在这次宴会象征性的较量中，齐景公的气势压倒了晋国，维护了齐国的地位和尊严。

临淄东周墓殉马坑

公元前526年，齐景公经过精心谋划，选中了较小的徐国作为进攻目标。齐国大军刚至蒲隧（今安徽泗县），还未进入徐国境内，徐国就已派使者请求归服。距离徐国较近的郯、莒二国赶紧也派使者表示宾服。后来三国订盟，齐景公捧着徐国贿赂的甲父鼎，凯旋而归。蒲隧之盟，晋国未加干涉，充分证明了齐景公与晋国争夺霸主的初步胜利。

公元前501年，齐、卫联军讨伐晋国，攻破夷仪（今河北省邢台西）。齐国勇士蔽无存奋勇杀敌，第一个登上夷仪城头，最后在城里和敌人格斗，战死在了屋檐下。大夫东郭叔、犁弥、王猛等人也奋勇争先。夷仪被攻克之后，齐景公厚葬蔽无存，亲自推着丧车表示哀悼，重赏了犁弥等人。此战，齐国最终夺取了禚（zhuó）、媚、杏等地。之后晋国的盟主地位已经名存实亡。公元前497年，齐国、卫国在漷氏（今山东巨野附近）相会，派精兵攻晋国河内（今河南汲县一带），后来又夺取了晋国的邢等八个城池，从而达到了齐景公图霸事业的顶峰。

齐景公通过对各诸侯国的硬打软拉，恩威兼用，拉拢了一股不小的势力，使得齐国又能与晋、楚两大国抗衡，形成了三强鼎立的局面。公元前490年，齐景公去世。

"孺子牛"的由来

"孺子牛"的典故出自《左传》哀公六年："鲍子曰：'汝忘君之为孺子牛而折其齿乎？而背之也！'"这里的"孺子"指齐景公的儿子；"孺子牛"指的是齐景公。景公是个慈爱的父亲，非常宠爱儿子，一次自己装作牛，口里衔着绳子，让儿子骑着自己、牵着自己玩。不巧儿子跌了一跤，绳子一拽，扯掉了景公的牙齿。鲁迅先生后来化用了这个典故，在《自嘲》诗中写道："横眉冷对千夫指，俯首甘为孺子牛。"这两句诗，集中体现了鲁迅先生的伟大人格，那就是：对敌人无比仇恨，决不妥协；对同志无限热爱，鞠躬尽瘁。

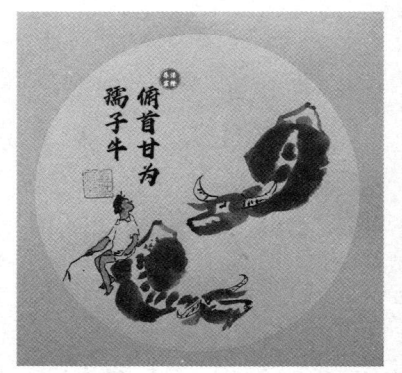

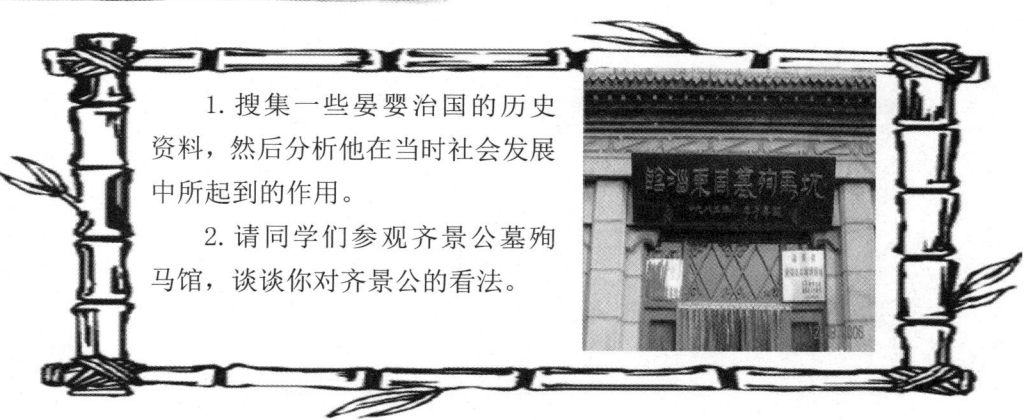

1. 搜集一些晏婴治国的历史资料，然后分析他在当时社会发展中所起到的作用。

2. 请同学们参观齐景公墓殉马馆，谈谈你对齐景公的看法。

本课参考文献：《齐文化发展史》、百度百科。

第4课　孔子来齐

> 在鲁国"斗鸡之变"发生后，孔子产生了出走的念头。但到哪里去呢？他看到，齐自太公建国，至桓公"九合诸侯，一匡天下"，晏婴相齐，以礼修政，信结诸侯，一直保持着昌盛局面，正是一理想的去处，于是继昭公之后，携弟子数人，一起来到了齐国。

孔子适齐

公元前 517 年，孔子到了齐国，这是他生平第一次有记录的政治活动。这时的齐国是齐景公统治的时代，也是大政治家晏婴活跃的时代，国家安定而强盛。孔子想借助大国齐以图有所作为，以期真正实现自己的忠君尊王、实行仁政、安定天下的政治理想。

孔子来到齐国，依照当时从事政治活动的方式，要去投效一个国君，得找一点门路。因此，孔子先当了齐景公的亲信高昭子的家臣。

高昭子果然替孔子在齐景公跟前说了些好话。于是齐景公向孔子请教政治的大道理。孔子说："君王要像君王，臣子要像臣子，父亲要像父亲，儿子要像儿子。"意思是要维持社会上的统治秩序，各人要按其名分办事，用孔子自己的话讲，这就叫"正名"。他后来在很长时期内也还是这样主张的。这说法无疑是对统治者有利的，尤其在阶级矛盾渐趋加剧的时候，就更合统治者的口味了。所以齐景公听了，便高兴地说："对呀，如果君王不像君王，臣子不像臣子，父亲不像父亲，儿子不像儿子，那么，我就是有的是米、还能吃得成饭么？"

过了几天，齐景公又问孔子政治上最迫切的问题是什么。孔子看准了齐国当时最大的毛病是奢侈浪费，于是说："问题在于节约。"当然，孔子的节约主张是不彻底的，因为孔子也是讲排场的。但齐景公听了还是表示满意，这大概因为齐国当时实在奢侈得不像话了吧。

无功而返

对于孔子，齐景公确实是动心了，齐景公想把尼溪的田地封给孔子。并要给予稍低于上卿的待遇。但是，孔子的到来与齐景公准备重用孔子，遭到了以晏婴为首的齐大夫的反对，甚至到了有人要害孔子的地步。齐景公也在反对声中改变了对于孔子的态度，既安慰又敷衍地说："我老了，不能用你了。"

孔子杏坛讲学

更为深层的原因，决定了孔子在齐只能是无为而归。鲁国是周公的封地，其治国方略，也就让礼乐占了大的比重。而齐国则是姜尚的封地，从姜尚起便提倡发展工商经济，奖励军功，把富国强兵作为治国方略。"春秋无义战"，无义战的天下，当然崇尚尔虞我诈，要大鱼吃小鱼、小鱼吃虾米。如此，言必称周礼、处处教导诸侯国君实施仁政的孔子，在齐国的碰壁也就成为必然。

不过，孔子毕竟有着不一样的境界。他说，人不理解我，但我也不怨恨，这才是君子啊。即使是对反对自己的晏子，他依然十分公正："晏平仲（即晏子，名婴）善与人交，久而敬之。"夸晏子善于和别人交朋友，相交越久，别人就越发尊敬他。

中华传统文化

知识链接

孔子闻韶处

孔子闻韶处位于山东省淄博市齐都镇韶院村。据民国九年《临淄县志》载：清嘉庆时，于城东枣园村掘地得古碑，上书"孔子闻韶处"。后又于地中得石磬数枚，遂易村名为韶院。至宣统时，古碑已无下落，本村父老恐古迹湮没无传，故于1911年另立石碑，仍刻"孔子闻韶处"。孔子闻韶处现位于村北，为一处规模不大的淡灰色仿古建筑。门内北墙正中镶嵌着一方石碑，碑上隶书大字题曰"孔子闻韶处"。石碑左右，分嵌两方石刻，比碑略小。左边一块为"舞乐图"，上刻二人席地而坐，一人执管横吹；另一人居右，端坐正视，似乎全部心神沉入美妙的艺术境界中，当是孔子在欣赏音乐；下刻两个美女，长袖飘带，翩翩起舞。右边的一块为

"韶乐及子在齐闻韶"简介。到春秋时期，韶乐在齐国仍然盛行。《论语·述而》记载："子在齐闻韶，三月不知肉味。"

课外拓展

1. 搜集有关韶乐的材料，谈谈你对韶乐的了解，与同学交流分享。
2. 请同学们参观孔子闻韶处，谈谈音乐对你学习和生活的影响。

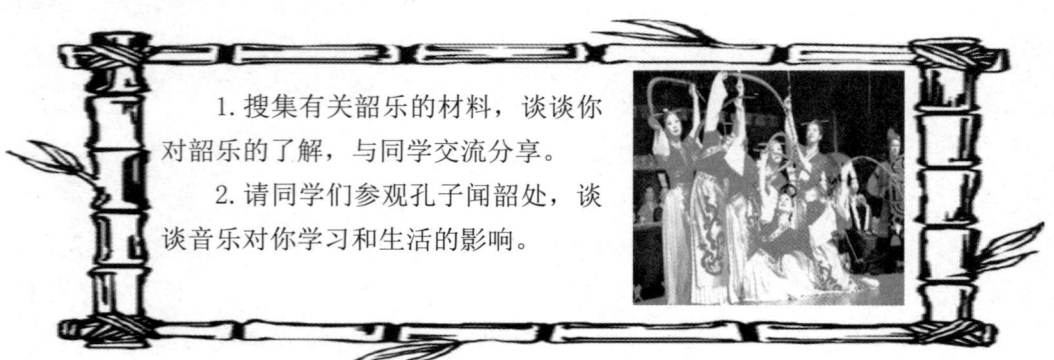

参考资料：《齐文化发展史》、百度百科。

第二单元

齐风韶韵

齐地神话《后羿射日》的故事，告诉我们要胸怀天下，敢于面对困难，勇于克服困难。晏婴心系百姓，巧妙地利用诗歌劝诫统治者轻徭薄赋；作为齐国历史上著名的思想家，晏婴对和与同有着精辟的论述。《滥竽充数》的故事，告诉我们要勤奋努力，真才实学，骗得了一时，却骗不了一世。

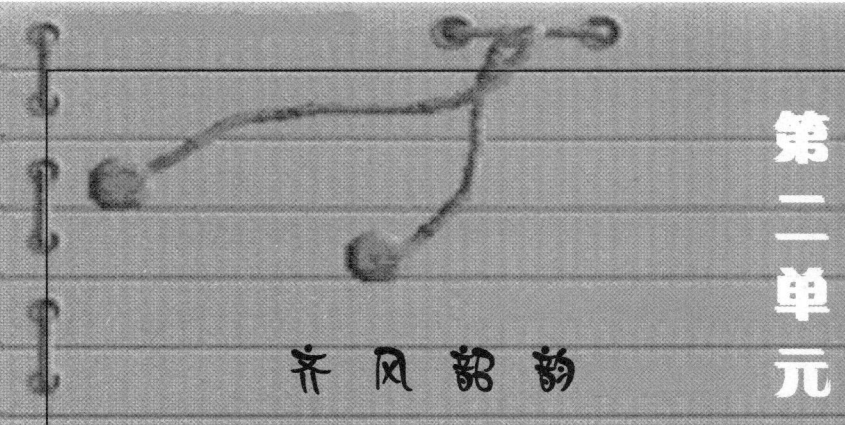
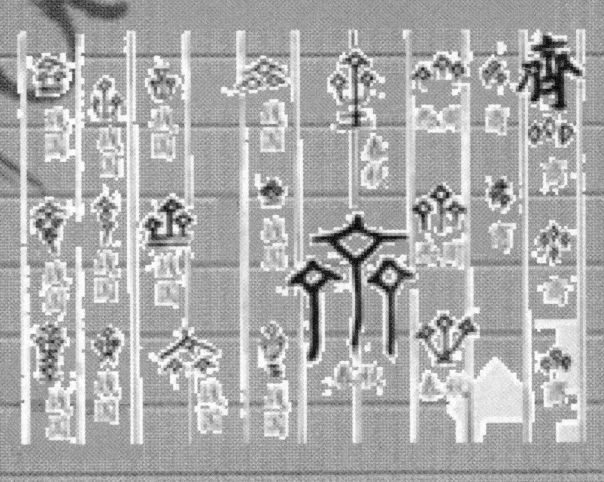

第 5 课　齐地神话——后羿射日

> 英雄后羿为世间苍生免受涂炭，勇射九日。这个故事告诉我们：成就事业，要有坚定的信念，持之以恒的毅力，富有创造性，勇往直前，不断超越自我，力求尽善尽美。我们要以后羿为榜样，胸怀天下苍生，以天下事为己任，发奋进取，努力使自己成为一位真正的栋梁之才。

经典诵读

逮[1]至尧之时，十日并出，焦禾稼，杀[2]木，而民无所食。猰貐[3]、凿齿[4]、九婴[5]、大风[6]、封豨[7]、修蛇[8]，皆为民害。尧乃使[9]羿诛[10]凿齿于畴华之野[11]，杀九婴于凶水[12]之上，缴[13]大风于青丘之泽[14]，上射十日而下杀猰貐，断[15]修蛇于洞庭[16]，禽[17]封豨于桑林[18]。万民皆喜，置[19]尧以为天子。"

——《淮南子·本经训》

注　释

[1]逮：等到。[2]杀：晒死。[3]猰（yà）貐（yǔ）：神话中的怪兽，牛身而赤，人面马足，或说是蛇身人面或龙首。[4]凿齿：神话中的怪兽，齿长三尺，如凿形，露在下巴外面，能持戈盾等武器。[5]九婴：神话中的九个头的怪物，能喷水吐火。[6]大风：神话中的风神，即风伯。一说是一种凶猛的大鸟，即大凤。[7]封豨（xī）：大野猪。[8]修蛇：长大的蟒蛇。[9]使：派。[10]诛：杀。[11]畴华之野：南方的泽地荒野。[12]凶水：北方的地名。[13]缴：系着丝绳的箭，这里意为用箭射。[14]青丘之泽：叫青邱的大湖。

 走进齐文化 七

[15]断：斩断。[16]洞庭：即洞庭湖。[17]禽：通"擒"。擒获。[18]桑林：地名。[19]置：推举。

到了尧帝的时代，十个太阳一起出来，烤焦了庄稼禾苗，晒死了树木花草，使百姓没有可吃的食物。猰貐、凿齿、九婴、大风、封豨、修蛇这些凶猛禽兽一起出来残害百姓。于是尧帝让羿在南方的畴华这地方杀死凿齿，在北方的凶水这地方杀死九婴，在东方的青丘泽用系着丝绳的箭射死了大风，又向天上射落九个太阳，在地下杀死猰貐，在洞庭斩断修蛇，在桑林擒获封豨。这样，百姓都高高兴兴，推举尧为天子。

赏析

后羿射日这个故事，告诉我们：想成就事业，要有坚定的信念，持之以恒的毅力，富有创造性，勇往直前，不断超越自我，力求尽善尽美。

后羿射日传说

历史上有一个大羿，一个后羿，大羿是帝尧时的人物，后羿是夏太康时期人物。

传说蚩尤被杀之后，东方各部落方国陷于长期内战。大羿临危受命，统一了东方各部落方国，组成了一个强大的国家。由于该国家为众多崇拜太阳的部落方国所组成，在《山海经》中被称为"十日国"。据史料记载，大羿和她的妻子死后葬在日照

中华传统文化

汤谷太阳文化源旅游风景区内的天台山上。当地人称之为大羿陵。古本《山海经》有大羿射日的故事，但后来失落了。《淮南子·本经训》将大羿射日的故事做了总结。

后羿，又称"夷羿"，相传是夏王朝东方族有穷氏的首领，擅射箭。当时启的儿子太康耽于游乐田猎，不理政事，为后羿所逐。太康死后，后羿立太康之弟仲康为夏王，实权操纵于后羿之手。但后羿只顾四出打猎，后来为亲信寒浞（zhuó）所杀。神话传说中的后羿是嫦娥的丈夫，射下九个太阳，杀死了猛兽毒蛇，为民除害，民间奉他为"箭神"。

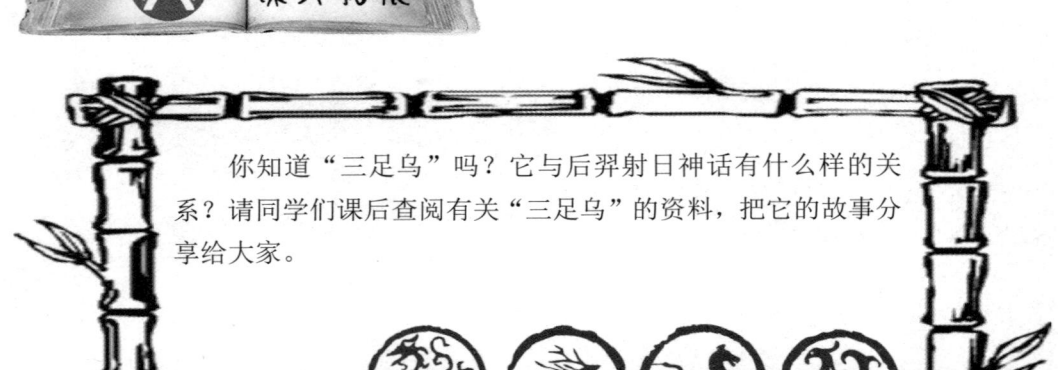

你知道"三足乌"吗？它与后羿射日神话有什么样的关系？请同学们课后查阅有关"三足乌"的资料，把它的故事分享给大家。

本课参考资料：《淮南子·本经训》、百度百科。

 走进齐文化 七

第6课　　古诗三首

　　晏婴作为齐国历史上著名的政治家、思想家、外交家,非常推崇管仲的"欲修改以平时于天下"必须"始于爱民",坚持"意莫高于爱民,行莫厚于乐民"。晏子一生勤俭自律,内辅国政,心系百姓,以其高超的劝谏艺术,不断地提出减免赋税、让百姓休养生息的谏议。本课"古诗三首"就是他勤政爱民的写照。

《冻水歌》

冻水[1]洗[2]我若之何。
太上[3]糜散[4]我若之何。

《穗歌》

穗乎不得穫[5]。秋风至兮殚[6]零落。
风雨之拂[7]杀也。太上之靡弊[8]也。

《岁暮歌》

岁已暮矣,而禾不获,忽忽[9]矣若之何!
岁已寒矣,而役不罢,惙惙[10]矣如之何!

中华传统文化

——出自《晏子春秋》

[1]冻水：冰冷的水。[2]洗：冲刷。[3]太上：上天。[4]糜散：摧残。[5]穫（huò）：亦即"获"。[6]殚（dān）：都，全部。[7]拂（fú）：轻轻擦过；掸去；甩动；抖。[8]靡弊：亦即"靡敝"，残破，凋敝。[9]忽忽：时间飞逝的样子。[10]惙惙（chuò chuò）：心中忧愁的样子。

《冻水歌》

冰冷的水冲刷着我怎么办啊？

老天摧残我怎么办啊？

《穗歌》

庄稼啊无法收获，秋风来了啊都要凋落。

这是风雨吹散、打落的啊，这是老天残破、凋敝的啊。

《岁暮歌》

已经到年终了，庄稼却没有收获，时间飞逝啊该怎么办！

天已经冷了，徭役却没有结束，心中忧愁啊该怎么办！

赏　析

《冻水歌》载于《晏子春秋·谏下第五》。晏子出使鲁国快要回来时，齐景公开始役使国人修筑大台，天寒地冻也不停工。饥寒交迫的国人都期盼着晏子能够回来为他们劝阻景公。晏子出使回来，景公设宴，晏子请求为国君唱一支歌，唱完《冻水歌》，感慨不已，潸然泪下。齐景公被晏子和《冻水歌》感动，表示"我将很快停止修筑大台"。

《穗歌》载于《晏子春秋·谏下第六》。齐景公盖了长庲（lái）台榭，准备装饰一番。景公与晏子进入长庲喝酒，兴头上晏子唱了《穗歌》，流泪起舞。景公知道晏子是在劝阻他继续修筑长庲，便叫停酒宴，停止劳役，最终也没有完全修成长庲。

走进齐文化 七

《岁暮歌》载于《晏子春秋·重而异者》。齐景公兴师动众，役使大批民工，破土兴建亭台。景公为亭台的开工举办大型饮宴，晏婴前往陪侍。酒过三巡，晏婴即席起舞唱《岁暮歌》，热泪横流。景公见此情景，也感到不安了，遂把亭台的工程停了。

本课古诗三首均出自《晏子春秋》一书，是记载春秋时期（公元前770年至公元前476年）齐国政治家晏婴言行的一部历史典籍，用史料和民间传说汇编而成，书中记载了很多晏婴劝告君主勤政，不要贪图享乐，要爱护百姓、任用贤能和虚心纳谏的事例，成为后世人学习的榜样。晏婴自身也是非常节俭，备受后世统治者崇敬。

书中有很多生动的情节，都表现出晏婴的聪明和机敏，如"晏子使楚"等就在民间广泛流传。通过具体事例，书中还论证了"和"与"同"两个概念。晏婴认为，对君主的附和是"同"，应该批评。而敢于向君主提出建议，补充君主不足的才是真正的"和"，才是值得提倡的行为。这种富有辩证法思想的论述，在中国哲学史上成为一大亮点。

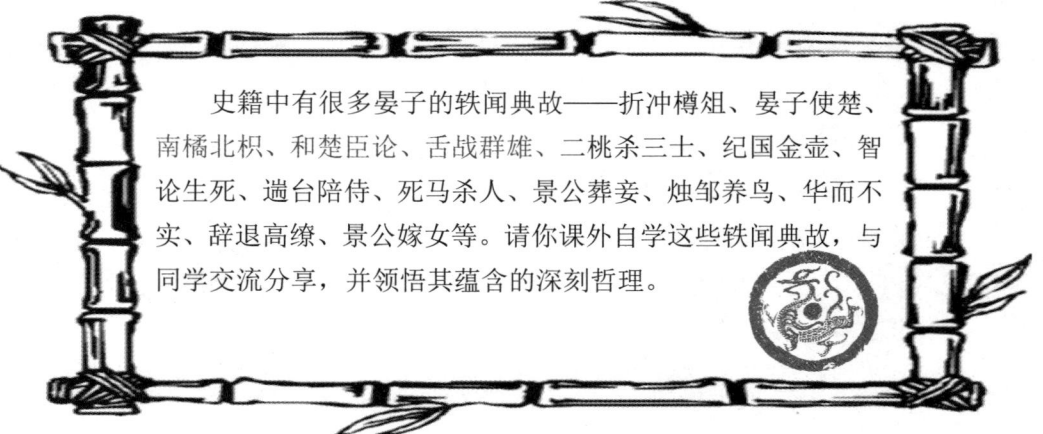

史籍中有很多晏子的轶闻典故——折冲樽俎、晏子使楚、南橘北枳、和楚臣论、舌战群雄、二桃杀三士、纪国金壶、智论生死、遄台陪侍、死马杀人、景公葬妾、烛邹养鸟、华而不实、辞退高缭、景公嫁女等。请你课外自学这些轶闻典故，与同学交流分享，并领悟其蕴含的深刻哲理。

本课参考资料：《晏子春秋》、百度百科。

中华传统文化

第7课　音乐理论《晏婴论和与同》

> 遄台位于临淄区齐都镇小王村南约一千米的地方，是一夯筑台基。台高5米，南北长60米，东西宽50米。它虽历经了两千多年的沧桑风雨，仍高大如丘。台上松柏成林。台的东部已经尽失原貌。西部仍可见明显的台阶痕迹，并有古槐数棵。历史上有名的晏子与齐景公辩和与同的故事，就发生在遄台。

经典诵读

齐侯至自田[1]，晏子侍于遄（chuán）台[2]，子犹驰而造焉[3]。公曰："唯据与我和夫！"晏子对曰："据亦同也，焉得为和？"公曰："和与同异乎？"对曰："异。和如羹焉，水、火、醯(hǎi)、盐、梅[4]，以烹鱼肉，燀（chǎn）执以薪[5]，宰夫和[6]之，齐之以味[7]，济其不及[8]，以泄其过[9]。君子食之，以平其心。君臣亦然。君所谓可而有否焉，臣献其否以成其可[10]；君所谓否而有可焉，臣献其可以去其否。是以政平而不干[11]，民无争心。

——节选自《春秋·左传》

注　释

[1]侯：指景公。田：打猎。这里指打猎处。[2]遄台：齐国地名，在今山东临淄。[3]子犹：国大夫梁丘据的字。造：到，往。[4]羹：调和五味（醋、酱、盐、梅、菜）做成的带汁的肉，不加五味的叫大羹。[5]燀：烧煮。[6]和：调和。[7]之以味：调配使味道适中。

 走进齐文化 七

[8]济：增加，添加。[9]泄：减少。过：过分，过重。[10]献：进言指出。[11]干：犯，违背。

晏子在遄台随侍，梁丘据也驾着车赶来了。景公说："只有梁丘据与我和谐啊！"晏子回答说："梁丘据也不过是相同而已，哪里能说是和谐呢？"景公说："和谐与相同有差别吗？"晏子回答说："有差别。和谐就像做肉羹，用水、火、醋、酱、盐、梅来烹调鱼和肉，用柴火烧煮。厨工调配味道，使各种味道恰到好处；味道不够就增加调料，味道过重就用水冲淡一下。君子吃了这种肉羹，用来平和心性。国君和臣下的关系也是这样，国君认为可以的，其中也包含不可以，臣下进言指出不可以的，使可以的更加完备；国君认为不可以的，其中也包含可以的，臣下进言指出其中可以的，去掉不可以的。因此，政事平和而不违背礼法，百姓没有争斗之心。

赏 析

晏婴在这里所发的议论，是抽象的哲理。他所讨论的"和"与"同"，很典型地代表了咱们国人的思维特点和方式。和与同，表面上看起来很相似，它们的表现有一致性。但在实质上，它们完全不同。同，是绝对的一致，没有变动。没有内在的活力和动力。和，却是相对的一致性，是多中有一，一中有多，是各种相互不同、相互对立的因素通过相互调节而达到的一种统一、平衡。是一个具有内在活力、生命力、再生力的整体。要构建当代和谐社会，应该准确把握"和"与"同"的文化内涵。

名胜古迹之遄台

遄台又叫歇马台、戏马台。关于这个名称的来历，一种说法是，齐国时期这里是边疆信使进入都城的最后一个驿站。信使鞍马劳顿来到这里，要进行适当的休息，因此才有歇马台之称。另一种说法是，当年齐王经常和那些贵族、大臣们在这里赛马，马跑累

中华传统文化

了即在台下休息，故有歇马台之说。传说台下平地就是先秦时期齐国军队操演集合的地方，也是国家赛马场。田忌赛马的故事就发生在这里。公元前353年秋天，一年一度的赛马会在遄台紧锣密鼓地拉开了序幕。这次还是由田忌和威王同场对决。往年比赛，田忌每次都输得狼狈不堪，下的赌注也眼睁睁地被威王悉数拿走。田忌虽然不服，也没法子，都怪自己的马不争气。然而，在这次

比赛中，孙膑也前去观看，他发现田忌家的马与威王家的马相比，就脚力而论相差无几，但马可分上、中、下三等，于是他对田忌说："现在可拿您的下等马对付他的上等马，拿您的上等马对付他的中等马，拿您的中等马对付他的下等马。"比赛结束，田忌以二比一获胜，打破了威王不败的记录。这场赛马成为齐威王辨别人才的绝好方法，从此孙膑受到齐威王的赏识和重用。他的抱负和才能从此得以充分发挥，帮助齐国取得了桂陵之战和马陵之战的胜利，此后齐国起而称雄。

由于田忌赛马和晏婴论和与同这两个故事，遄台的名声一直流传至今。

课外拓展

近年来党和国家领导人，在多种场合讲过和而不同。2003年，时任中国国务院总理温家宝在哈佛大学的演讲中又一次讲到，和而不同是中国思想家提出的伟大思想，即和谐而不千篇一律，不同而又相辅相成。和而不同是对事物存在和发展状况的正确概括，揭示了事物的发展规律，符合马克思主义的辩证法。

结合晏婴的和与同的观点，联系当今社会倡导的"构建和谐社会""构建和谐小区"的理念，谈谈你的感悟。

本课参考文献：《春秋左传》、百度百科。

第8课　艺海拾贝《滥竽充数》

> 滥竽充数的故事告诉人们：弄虚作假是经不住时间考验的，终究会露出马脚，一个人如果像不会吹竽的南郭先生那样，没有真本事，只靠装样子骗人，在别人还不了解真相的时候，能够蒙混一阵子，但是总有真相大白的一天。

经典诵读

滥竽充数[1]

齐宣王[2]使[3]人吹竽，必三百人。南郭处士[4]请[5]为王吹竽，宣王说[6]之，廪食[7]以[8]数百人。宣王死，湣（mǐn）王[9]立，好[10]一一听之，处士逃。

——选自《韩非子·内储说上七术》

注　释

[1]滥：失实的。竽：一种古代乐器，即大笙。"滥竽"即不会吹竽。充数：凑数。[2]齐宣王：战国时期齐国的国君。姓田，名辟疆。[3]使：派，让，指使。[4]南郭：郭指外城墙，南郭指南城。处士：古代称有学问、有品德而没有做官的人为处士，相当于"先生"。[5]这里是戏称。请：请求。[6]说：通"悦"，喜欢。[7]廪食（lǐn sì）以数百人：官府供食。廪：粮仓。食：给东西吃。以：同"与"。[8]以：给。[9]湣王：齐国国君，宣王的儿子，在宣王死后继位。姓田，名地。[10]好：喜欢，爱好。

译文

齐宣王喜欢听人吹竽，一定要三百人一起吹。南郭处士请求给齐宣王吹竽，齐宣王很高兴。官府给他的待遇和那几百人一样。齐宣王死后，他的儿子齐湣王（田地）继承了王位。齐湣王却喜欢听一个一个的独奏，南郭处士就逃跑了。

赏析

滥竽充数的故事告诉人们：弄虚作假是经不住时间考验的，终究会露出马脚。一个人如果像不会吹竽的南郭先生那样，没有真本事，只靠装样子骗人，在别人还不了解真相的时候，能够蒙混一阵子，但是，总有真相大白的一天。

这则寓言讽刺了无德无才、招摇撞骗的骗子，提醒人们只要严格把关，骗子就难行骗。同时告诉人们要有真才实学。

寓言故事　滥竽充数

齐国的国君齐宣王爱好音乐，尤其喜欢听吹竽，手下有不到三百个善于吹竽的乐师。齐宣王喜欢热闹，爱摆排场，总想在人前显示做国君的威严，所以每次听吹竽的时候，总是叫这不到三百个人在一起合奏给他听。

有个名叫南郭的处士听说了齐宣王喜欢听合奏，觉得有机可乘，就跑到齐宣王那里去，吹嘘自己说："大王啊，听过我吹竽的人没有不被感动的，就是鸟兽听了也会翩翩起舞，花草听了也会合着节拍摆动，我愿把我的绝技献给大王。"齐宣王听得高兴，很爽快地收下了他，把他也编进那支三百人的吹竽队中。

其实南郭处士他压根儿就不会吹竽。每逢演奏的时候，南郭处士就捧着竽混在队伍中，人家摇晃身体他也摇晃身体，人家摆头他也摆头，脸上装出一副动情忘我的样子，看上去比别人吹奏得更投入。

走进齐文化　七

然而，好景不长，过了几年，爱听竽合奏的齐宣王死了，他的儿子齐湣（mǐn）王继承了王位。齐湣王也爱听吹竽，但他喜欢听独奏。于是齐湣王发布了一道命令，要这三百个人轮流来吹竽给他欣赏。南郭处士急得像热锅上的蚂蚁，惶惶不可终日。他想来想去，觉得这次再也混不过去了，只好连夜收拾行李逃走了。

课外拓展

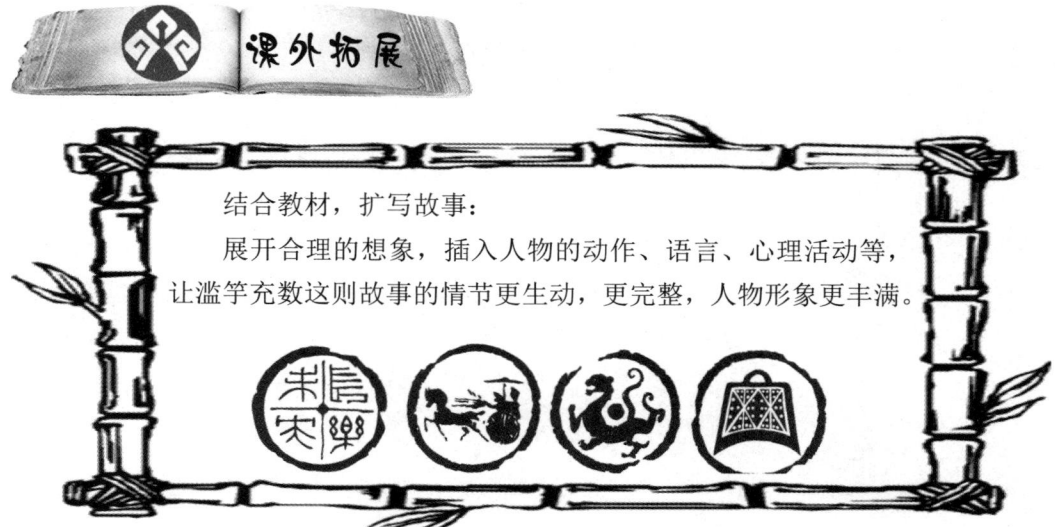

结合教材，扩写故事：

展开合理的想象，插入人物的动作、语言、心理活动等，让滥竽充数这则故事的情节更生动，更完整，人物形象更丰满。

本课参考文献：《韩非子》、百度百科。

中华传统文化

活动与探究 　　古典诗歌朗诵比赛

　　诗歌是汉族文学中最早成形的文学体裁，发展也最为充分。现存的上古歌谣，已生动地反映了汉族先民的生活情况和内心祈愿，简短、生动的形式，也已表现出中国民族语言的力量。下面我们就以诗歌朗诵比赛的形式，看看你对古典诗歌了解多少？

活动目标

　　通过搜集、整理和朗诵古典诗歌，来训练学生的思维方式，提升古典诗歌的鉴赏水平，锻炼和提高学生的书面和语言表达能力。增强小组间的合作意识。

活动方案

　　1. 搜集整理：全班以小组为单位，组长在组内进行不同的任务分配，搜集整理相关的诗歌。做成一份手抄报，或 PPT 课件。

　　2. 组内交流：组长主持，每小组成员展示交流所搜集整理的资料，筛选出比较优秀的古典诗歌。

　　3. 班内展示评比：每组展示、讲述。由老师和同学们评出优秀小组和优秀个人。

参考资料

材料一　国风·鄘风·相鼠

原文：

相鼠有皮[1]，人而无仪[2]；人而无仪，不死何为[3]？
相鼠有齿，人而无止[4]；人而无止，不死何俟[5]？
相鼠有体[6]，人而无礼[7]；人而无礼，胡不遄死[8]？

词句注释：

[1] 相：视也。

[2] 仪：威仪，指人的举止作风大方正派而言，具有尊严的行为外表。一说为"礼仪"。

[3] 何为：为何，为什么。

[4] 止：假借为"耻"，郑笺释为"容止"，也可通。

[5] 俟：等。"不死何俟"为"俟何"宾语前置。

[6] 体：肢体。

[7] 礼：礼仪，指知礼仪，或指有教养。

[8] 胡：何，为何，为什么，怎么。遄（chuán）：快，速速，赶快。

白话译文：

你看这黄鼠还有皮，人咋会不要脸面。人若不要脸面，还不如死了算啦。
你看这黄鼠还有牙齿，人却不顾德行。人要没有德行，不去死还等什么。
你看这黄鼠还有肢体，人却不知礼义。人要不知礼义，还不如快快死去。

材料二　古诗中的名言

1. "靡不有初，鲜克有终。" ——《诗—大雅—荡》

意思是说，人们常常是能善始，而不能善终。

2. "高山仰止，景行止。" ——《诗—小雅—车牵（辖）》

意思是说，圣者贤者的大德是可以学而得到的。他们的大德如高山，只要不畏艰险，努力攀登不止，就会达到光辉的顶点；他们的大德又如漫长的大道，只要沿路前行不止，就必会到达大路的终点。

3. "君子如祉，乱庶遄已。" ——《诗—小雅—巧言》

意思是说，君子，就是贤良的人才，是人民的福祉，任用了贤良的人才，国家的祸

乱局面，就会很快结束！

4．"虽无德于汝，式歌且舞。" ——《诗—小雅—车辖》

意思是说：给农民的虽是小恩小惠，仍然使农民载歌载舞，与田氏渐行渐近，与景公渐行渐远。晏婴说：挽救齐国于不倒，只有全国上下，包括国君和田氏在内，都按礼而行一条路可行，但为时已晚。所以治国者治国，就是争取民心，不遵礼法就会失去民心。失去民心而不觉，仍我行我素，就离坠崖不远了！

活动延伸

做一个以"古典诗歌欣赏"为题的网页，把你们学到和搜集到的资料整理成专题或做成PPT课件，链接到互联网上，让更多的同学和朋友欣赏。

相关网站

中国传统文化网：http://www.zgctwh.com.cn/index.php
古诗文网：http://www.gushiwen.org/
习古堂国学网：http://www.xigutang.com/

参考文献：《诗经·国风》、百度百科。

第三单元

《管子》文选

　　管仲是我国古代最早提出"重农抑商""以人为本"的观点并付诸实践的思想家、政治家。以农为本，限制工商业的发展，这是中国古代以农业为主的小农经济的需要。《管子》"以人为本"指导思想的富民之道，不仅有力地推动了齐国霸业的形成，而且为后世留下了宝贵的治国经验。本单元就从《立政》《权修》《乘马》《禁藏》等方面阐述其富国学。

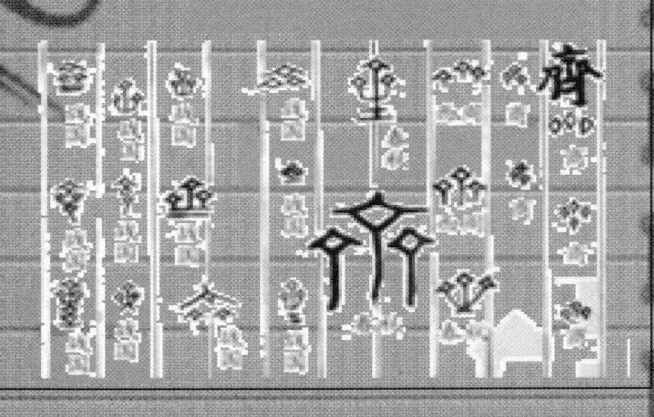

第9课　管子·立政（节选）

管子非常重视国家的农业管理，认为世代君主给人民带来福祉都是从发展农业出发的。因此，提出以农为本，以工商为末。如提出"多本饬末""原本穷末"等。一方面，分析了以农业生产对国家的重要性；另一方面，提出农业生产的基本措施："动于时"，也叫"务天时"，即按照自然规律的时续发展办事。

经典诵读

君之所务者五：一曰山泽不救于火[1]，草木不殖成[2]，国之贫也；二曰沟渎（dú）[3]不遂于隘（ài），障水不安其藏[4]，国之贫也；三曰桑麻不植于野，五谷不宜其地，国之贫也；四曰六畜不育于家，瓜瓠（hù）荤菜[5]百果不备具，国之贫也；五曰工事竞于刻镂（lòu）[6]，女事繁于文章[7]，国之贫也。故曰山泽救于火，草木植成，国之富也；沟渎遂于隘，障水安其藏，国之富也；桑麻植于野，五谷宜其地，国之富也；六畜育于家，瓜瓠荤菜百果备具，国之富也；工事无刻镂，女事无文章，国之富也。

——节选自《管子·立政》

注释

[1]救于火：防火灾。[2]殖成：繁殖成长。[3]沟渎：沟渠。遂：畅通。[4]障水：用堤坝围起来的水。不安其藏：不能蓄水。[5]瓠：葫芦一类的蔬菜。荤：葱蒜之类有特殊气味的蔬菜。[6]工事：指手工技艺。刻镂：雕刻。[7]女事：指妇女的刺绣。文章：文饰。

译文

君主应当重视五件事情：一是山泽不能防止火灾，草木不能繁殖成长，国家就会贫穷；二是沟渠不能全线通畅，堤坝不能蓄水，国家就会贫穷；三是田野不发展桑麻，五谷种植没有因地制宜，国家就会贫穷；四是农家不养六畜，蔬菜瓜果不齐备，国家就会贫穷；五是工匠攀比雕琢，女红繁于文饰，国家就会贫穷。这就是说，山泽能够防止火灾，草木繁殖成长，国家就会富足；使沟渠全线通畅，堤坝中的水没有漫溢，国家就会富足；田野发展桑麻，五谷种植能因地制宜，国家就会富足；农家饲养六畜，蔬菜瓜果能齐备，国家就会富足；工匠不讲究雕刻，妇女的刺绣不追求文饰，国家就会富足。

赏析

管子的五个"务"强调立政的根本就是农业，所以，老百姓要按时耕种庄稼，种麻养蚕，就可以达到猪牛羊马拱槽打栏，四野山歌清越悠扬的繁荣景象，做到民富国强。

知识链接

管仲均田分力

管仲推行的在"均田分力"基础上的"相地而衰征"的政策，顺应时代发展，以适应当时生产力和生产关系，大大促进了生产力的发展。使齐国收到了"粟如丘山"之效，导致了社会经济基础的变化。"均田分力"就是把土地经过公开折算后租给农民，使其分户耕种。《管子·乘马》中说："把土地分下去，实行分户经营，可以使人民自觉抓紧农时。他们会知道季节的早晚、光阴的紧迫和饥寒的威胁。他们会自觉地早起晚睡，全家人都关心劳动，不辞劳苦地经营。若不实行均田分力，地利就不能充分利用，人才不能充分发挥。不告之农时，人民就不抓紧；不教以农事，人民就不积极干活。""均田分力"

把劳动者在土地所有者野蛮强制下的劳动变为自觉主动的尽心尽力的劳动，大大提高了生产效率。

与"均田分力"相配套的是"相地而衰征"的新田赋制改革，就是依据土壤的肥瘠征收数额不等的实物农业税。"相地"又称"相壤"，就是把可耕地核正准确，再对土壤进行质量区分。

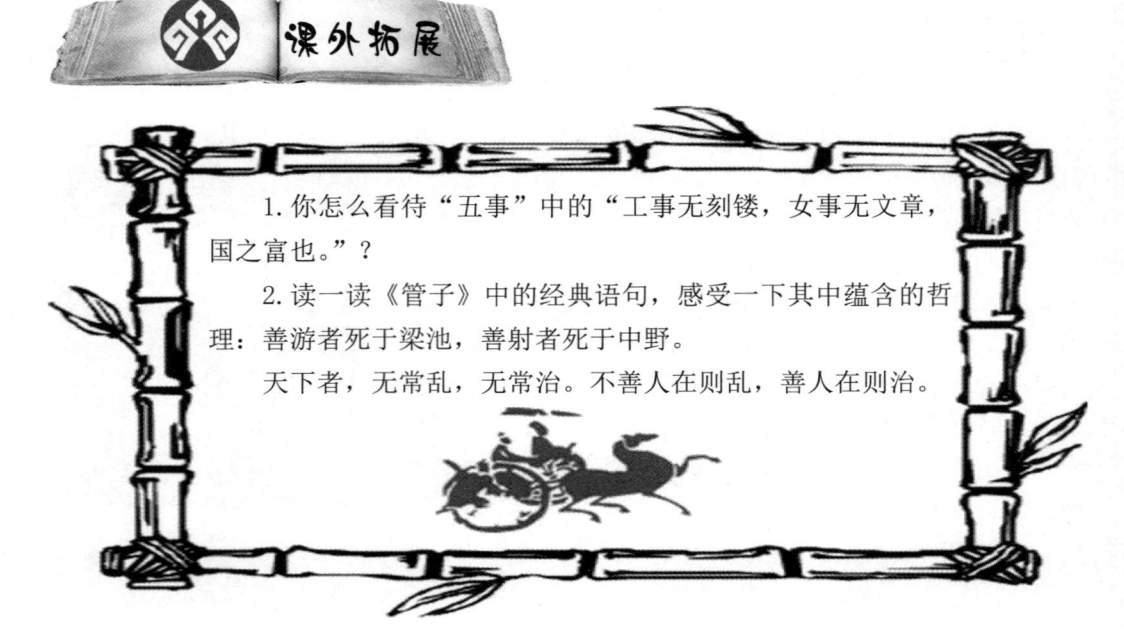

课外拓展

1. 你怎么看待"五事"中的"工事无刻镂，女事无文章，国之富也。"？

2. 读一读《管子》中的经典语句，感受一下其中蕴含的哲理：善游者死于梁池，善射者死于中野。

天下者，无常乱，无常治。不善人在则乱，善人在则治。

参考文献：《管子》、百度百科。

第10课　　管子·权修（节选）

　　管仲力行"勤俭治国，禁止奢靡"，管仲强调务必勤俭治国，禁止奢靡之风，同时加强监督，法令宜严不宜松。如果富人不求奢靡，社会风气自然平和，社会矛盾自然会减弱。"禁末兴本"有很大的现实意义。

经典诵读

　　万乘[1]之国，兵不可以无主；土地博大，野[2]不可以无吏；百姓殷众，官不可以无长；操民之命，朝不可以无政。

　　地博而国贫者，野不辟也；民众而兵弱者，民无取[3]也。故末产[4]不禁，则野不辟；赏罚不信，则民无取。野不辟，民无取，外不可以应敌，内不可以固守。故曰：有万乘之号，而无千乘之用，而求权之无轻[5]，不可得也。

——节选自《管子·权修》

注　释

[1]万乘：万辆兵车。一车配四马为一乘，一乘即一辆兵车。兵车的多少，反映了一个国家的军事实力。[2]野：郊野，这里指过境内。[3]取：通"趣"，督促。[4]末产：指与奢侈品有关的工商业。[5]轻：削弱。

译文

  万辆兵车的大国，军队不可以没有统帅；领土广阔，农田不可以没有官吏；人口众多，官府不可无常法；掌握着人民命运，朝廷不可无政令。

  地大而国家贫穷，是因为土地没有开辟；人多而兵力薄弱，是因为人民缺乏督促。所以，不禁止奢侈品的工商业，土地就不得开辟；赏罚没有力度，人民就缺乏督促。土地没有开辟，人民缺乏督促，对外就不能抵御敌人，对内就不能固守国土。所以说，空有万乘之国的虚名，而没有千乘之国的实力，还想君主权力不被削弱，那是不可能的。

赏析

  本篇提出了"操民之命，朝不可以无政"的治国思想。指出不抑制工商业的发展就难以开辟大量土地，赏罚不信就致使老百姓缺乏监督。土地不开辟，人民无监督，对外就不能防御敌人的进攻，对内就不能坚守国家领土。

知识链接

管仲的富民政策

  在经济方面，管仲把富民放在首位："凡治国之道，必先富民。民富则易治也，民贫则难治也。"和"仓廪实则知礼节，衣食足则知荣辱。"

  实现"富民"，管子认为发展农业最重要。因为"五谷粟米，民之司命也"，"粟者，王者之本事，人主之大务也"。为了发展农业生产，就要"辟田畴、制坛宅、修树艺、劝士民、勉稼穑、修墙屋，此谓厚其生"。

  管子不仅重视农业生产，同时也十分重视工商业。他说："无市，则民乏矣。无末利，则本业何出？"因而认为，农、工、商各业必须同时兼顾，"务本饬末则富"。

  在社会政策方面，特别重视调节贫富差距。他主张：治理国家，要"上下有义，贵贱有分，长幼有等，贫富有度"。他认为，"夫民富则不可以禄使也，贫则不可以罚威也。法令之不行，万民之不治，贫富之不齐也"。又说"甚富不可使，甚贫不知耻"，因此，他认为统治者的首要任务就是及时地调节社会贫富:"散积聚,钧羡不足,分并财利,而调民事也。"如何调节?他的办法是"长者断之,短者续之;满者洫之,虚者实之";"富而能夺,贫而能予,乃可以为天下"。如何夺富予贫呢?他提出了以下措施:向富者征收消费税;限制富人进入某些行业,以免与民争利;间接运用行政手段,以迫使富人散其财物等。同时,对贫者要"厚其生""输之以财""遗之以利""宽其政""匡其急""振其穷"。此外,管子在对外贸易、货币和价格、粮食等许多方面都有深刻而精彩的论述,这些论述集中在《管子·轻重》篇里,为后人留下了宝贵的思想财富。

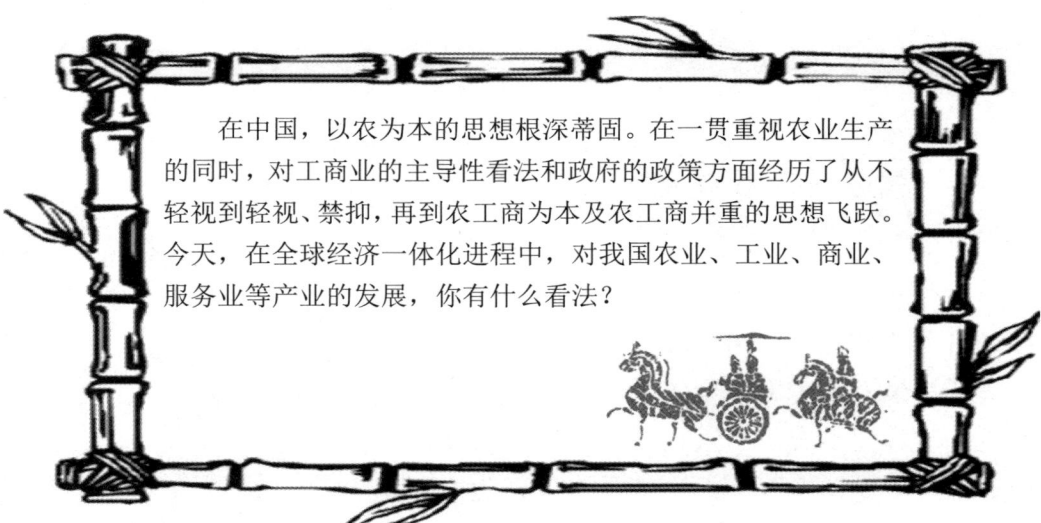

知识链接

在中国,以农为本的思想根深蒂固。在一贯重视农业生产的同时,对工商业的主导性看法和政府的政策方面经历了从不轻视到轻视、禁抑,再到农工商为本及农工商并重的思想飞跃。今天,在全球经济一体化进程中,对我国农业、工业、商业、服务业等产业的发展,你有什么看法?

参考文献:《管子》、百度百科。

第11课　管子·乘马（节选）

《管子》一书，经济思想居于特别突出的地位。全书有三分之二的篇章涉及经济，三分之一的篇章专论经济问题，而且书中对经济问题的见解非常深刻。这在我国传统经典著作中是很罕见的。

经典诵读

市者，货之准[1]也。是故百货贱，则百利[2]不得。百利不得，则百事治。百事治，则百用节[3]矣。是故事者生于虑，成于务[4]，失于傲。不虑则不生，不务则不成，不傲则不失，故曰：市者可以知治乱，可以知多寡，而不能为多寡，为之有道。

——节选自《管子·乘马》

注释

[1]准：平，水平，古代商品交换的固定用语，给货物定价，叫做准；一个地方货物流通到另一个地方，从而互通有无，填补物产地域性差别，也叫准。因此，准就是商品在流通、交换中确定其价格的意思。[2]百利：指商人获得的暴利。[3]节：适度消费。[4]务：从事。

译 文

市场是商品供求状况的标志。所以,各种货物价格低廉,各种商业就不能获得高利。各种商业无高利,各项事业就都能搞好。各项事业搞好了,各项需求就能得到适度的满足。这就是说,事情总是产生于谋虑,成功于努力,失败于骄傲轻心。不谋虑则不能产生,不努力则不能成功,不骄傲轻心则不致失败;所以说,通过市场,可以通晓社会的治乱,可以通晓物资的多寡,只是不能通过它创造物资的多寡而已。掌握起来,也是有规律的。

赏 析

本文可以看出《管子》的经济指导思想,就是充分认识到市场的作用。通过市场不仅可以看到一个国家生产发展程度和经济实力、物价变化、物资余缺等状况,而且可以看出社会治乱、人心向背的情况。

知识链接

管仲(公元前723年至约公元前645年)汉族,名夷吾,字仲,又称敬仲,春秋时期齐国著名的政治家、军事家,颍上(今安徽颍上)人。管仲少时丧父,老母在堂,生活贫苦,不得不过早地挑起家庭重担,为维持生计,与鲍叔牙合伙经商后从军,到齐国,几经曲折,经鲍叔牙力荐,为齐国上卿(即丞相),被称为"春秋第一相",辅佐齐桓公成为春秋时期的第一霸主。

《管子》一书篇幅宏伟,内容复杂,思想丰富。如《牧民》《形势》等篇讲霸政法术;《侈靡》《治国》等篇论经济生产,此亦为《管子》精华,可谓齐国称霸的经济政策;《七法》《兵法》等篇言兵法;《宙合》《枢言》等篇谈哲学及阴阳五行等;其余如《大匡》《小匡》《戒》《弟子职》《封禅》等为杂说。《管子》是研究中国古代特别是先秦学术文化思想的重要典籍。

课外拓展

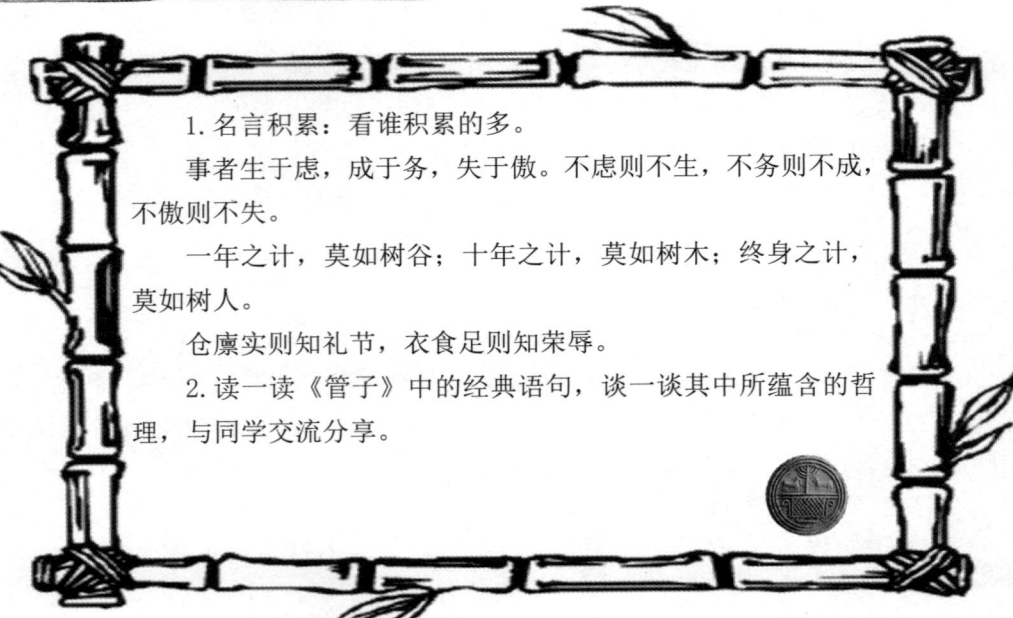

1. 名言积累：看谁积累的多。

事者生于虑，成于务，失于傲。不虑则不生，不务则不成，不傲则不失。

一年之计，莫如树谷；十年之计，莫如树木；终身之计，莫如树人。

仓廪实则知礼节，衣食足则知荣辱。

2. 读一读《管子》中的经典语句，谈一谈其中所蕴含的哲理，与同学交流分享。

参考文献：《管子》、百度百科。

第12课　管子·禁藏（节选）

　　《管子》的富民思想是齐国强盛的主要思想根源，体现了"以人为本"的理念，这不仅对后世统治者的治国思想有着重大影响，而且对于我们今天的社会经济发展也有着重要的借鉴价值。

经典诵读

　　夫民之所生，衣与食也；食之所生，水与土也。所以富民有要，食民有率，率三十亩而足于卒岁。岁兼美恶，亩取一石，则人有三十石，果蓏[1]素食当十石，糠秕（kāng bǐ）六畜当十石，则人有五十石。布帛麻丝，旁入奇[2]利，未在其中也。故国有余藏，民有余食。夫叙钧[3]者，所以定多寡也；权衡者，所以视重轻也；户籍、田结[4]者，所以知贫富之不訾[5]也。故善者必先知其田，乃知其人，田备然后民可足也。

——节选自《管子·禁藏》

注释

[1]果蓏（luǒ）：瓜果。[2]奇：余出来的数量。[3]叙钧：丈量土地。[4]结：契约文书。[5]訾：齐。

中华传统文化

译 文

人民赖以生活的，不外衣食；食物赖以生产的，不外水土。所以使人民富裕是有要领的，满足民食是有标准的。这个标准是一个人有三十亩地就可以生活一年。按好坏年景平均计算，亩产一石，则每人有三十石。瓜果蔬菜相当十石粮食，糠皮瘪谷与畜产相当十石粮食，则每人共五十石，而布帛麻丝和其他副业杂项收入还没有计算在内。这样，国家有积蓄，人民也有余粮。叙钧，是用来算定多少的；权衡，是用来计量轻重的；户籍和田册正是用来了解贫富差别的。所以，善于治国的人，一定要先了解土地的情况，才能了解人的生活状况。田地充足，人民生活才能富起来。

赏 析

节选的这部分内容论述了治国者要想得到民众的拥护，首先就要考虑民众的利益。管仲在这里特别提出了一个富民的标准，在经济上保障"衣食足"，甚至达到"富民"的程度，以实现君民之间的和谐。

知识链接

管子号称春秋第一相，他辅佐齐桓公九合诸侯，一匡天下，成就了齐桓公"春秋第一霸"的大业。

《管子》是一部世界上时间较早，内容非常丰富，熔各家管理思想于一炉的古代国家管理学巨著。《管子》一书讨论了经济与管理方面的问题，在各朝各代都具有现实意义，在糅合早期诸家思想的同时，多有一家独特的创见。《管子》的治国方略、为政理念博大精深，就其管理思想而言，真知灼见，智慧具足，俯拾皆是。如："十年树木，百年树人""仓廪实则知礼节，衣食足则知荣辱""以人为本""上下不和，令乃不行""贫富有度，则国安"等的思想精华，通篇皆是。而"管人"是《管子》传统管理的一大要素，包括两个方面：一是重人心向背，二是重人才归离。要夺取天下、治好国家、办成事业，人是第一位的。

课外拓展

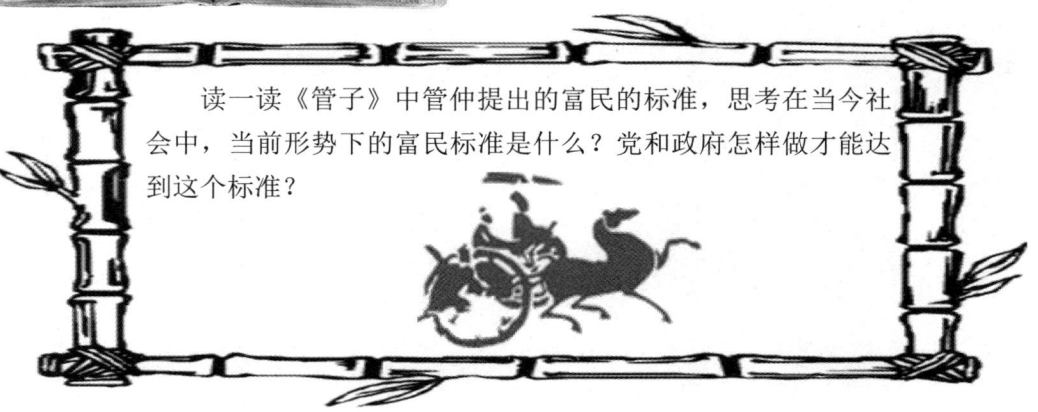

读一读《管子》中管仲提出的富民的标准，思考在当今社会中，当前形势下的富民标准是什么？党和政府怎样做才能达到这个标准？

参考文献：《管子》、百度百科。

第四单元 《晏子春秋》文选

晏婴坚持礼治为主，饰法与修礼相结合。他坚持以民为本，主张"修礼"，提出"民高于礼""社稷高于礼"，强调重民爱民。他又主张"饰法"，提出"修法治，广政教"，重新制法修令，做到国有常法，民有经纪。他还主张重视"赏罚"，反对君主随意赏罚，强调"不因喜以加赏，不因怒以加罚"。本单元就介绍《晏子春秋》中的以法、以德治国论。

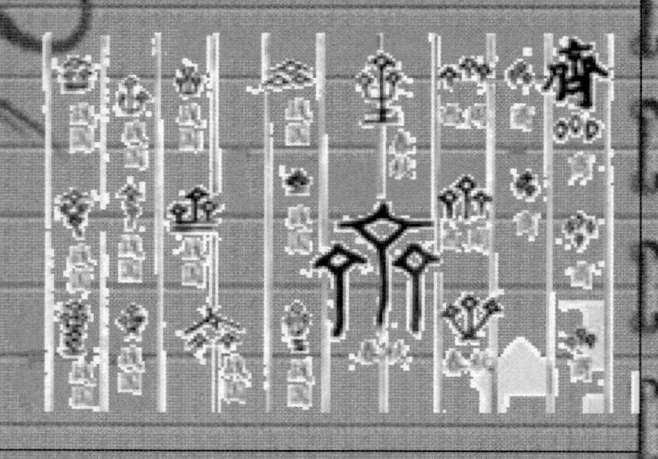

第13课　晏子春秋·卷三第十八（节选）

晏婴忠君而不保守，机智灵活而不固执呆板，遵礼尚贤而又节俭爱民。不仅因为他身处相位，更在于他的"智慧流派"与众不同：既不同于曹操的奸滑阴狠，也不同于诸葛亮的一本正经，而是充满幽默和灵气。他能够以各种巧妙的方式，影响三代君主和臣民，使齐国的影响在春秋各国中不可小视。

经典诵读

明其教令，而先之以行义；养民不苛，而防之以刑辟[1]；所求于下者，不务于上[2]；所禁于民者，不行于身。守于民财，无亏之以利，不立于仪法，不犯之以邪，苟所求于民，以身害之，故下之劝从其教也[3]。称事以任民，中听以禁邪[4]，不穷之以劳，不害之以罚[5]，苟所禁于民，不以事逆之[6]，故下不敢犯其上也。

——节选自《晏子春秋·卷三》

注　释

[1]刑辟：刑法。辟，法。[2]此句旧作"不务上"，据王引之说改。[3]此句旧作"故下之劝从其教也"，从苏舆说据《群书治要》删"之劝"二字。[4]中：适中，恰当。听：只听讼。[5]此句旧作"不害之以实"，依王念孙说改。[6]逆：违反。

译文

向人民阐明教令，自己带头实行道义。对待人民不苛刻，用刑法防止恶行暴行的发生。要求下面做到的事情，在上位者一定要首先做到。禁止人民去做的事情，自己一定不去做。保护人民的财物，不无故损害人民的利益。行为必须符合法律，不用自己的邪僻行为触犯法律。如果对人民有所求取，（也是出于国家的需要），不要因为自己的私欲而损害人民的利益。所以下面的人民都听从他的教化。他们先衡量要办事情的大小轻重，以决定征用多少民力；听狱讼必须倾听原被告双方的意见，依法公正判案，以此刑酷法轻罪重刑去迫害人民。如果对人民有所禁止，不为自己的私事做违反禁令的事。所以下面的人不敢侵犯他们的君主。

赏析

以上节选的文字着重论述了作为一名君主应该怎样教育人民，即带头实行道义，按照法律办事，权衡事情大小轻重，把爱民作为治国的准则。

知识链接

《晏子春秋》简介

《晏子春秋》是记叙春秋时代著名政治家、思想家晏婴言行的一部书。《晏子春秋》共8卷，包括内篇6卷（谏上下、问上下、杂上下）不完全真实，外篇2卷，计215章，全部由短篇故事组成。全书通过一个个生动活泼的故事，塑造了主人公晏婴和众多陪衬者的形象。这些故事虽不能完全作信史看待，但多数是有一定根据的，可与《左传》《国语》《吕氏春秋》《论语》等书相互印证，作为反映春秋后期齐国社会历史风貌的史料，是我国最早的一部短篇小说集。

课外拓展

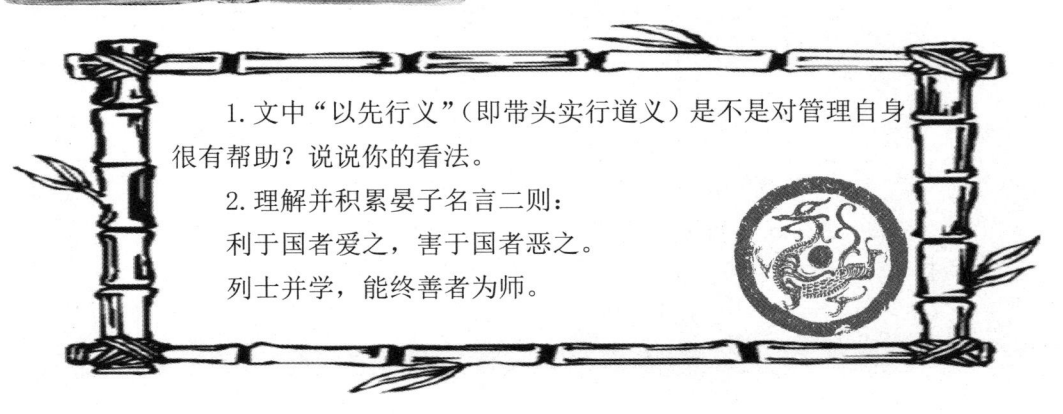

1. 文中"以先行义"（即带头实行道义）是不是对管理自身很有帮助？说说你的看法。

2. 理解并积累晏子名言二则：

利于国者爱之，害于国者恶之。

列士并学，能终善者为师。

参考文献：《晏子春秋》、百度百科。

第14课　晏子春秋·卷三第十七（节选）

晏子所辅佐的齐景公是个明智与昏庸参半的君主，对于这样一个有时"有道"，有时"无道"的国君，身为相国擅长以各种巧妙的方式处理问题的晏子该怎样回答齐景公的发问呢？

经典诵读

景公问晏子曰："贤君之治国若何？"

晏子对曰："其政任贤，其行爱民，其取下节，其自养俭；在上不犯下，在治不傲穷；从邪害民者有罪，进善举过[1]者有赏。其政，刻上而饶下[2]，赦过[3]而救穷；不因喜以加赏，不因怒以加罚；不从[4]欲以劳民，不修怒[5]而危国；上无骄行，下无谄德；上无私义，下无窃权[6]；上无朽蠹之藏，下无冻馁之民；不事骄行而尚同[6]，其民安乐而尚亲。贤君之治国若此。"

——节选自《晏子春秋》

注　释

[1]进善：向君主进善言。举过：指出君主的过失。[2]刻上：对上要求严格。饶下：对下宽容。[3]赦过：对过错行为从宽处理。[4]从：同"纵"。[5]修怒：发怒。[6]下无窃权：权力不下移。[7]尚同：旧作"尚司"，依卢文弨说改。银雀山汉墓竹简文正作"尚同"。

译 文

景公问晏子说:"贤能的君主治国是怎么样的?"

晏子回答说:"在政务上任用贤人,他们的行为都围绕着爱民,向下民收取赋税有节制,自身的供养较节俭;处上位不侵犯下级,从事于治理而不傲视穷人;放纵邪恶伤害民众的人有罪,进献善言举出过错的人有赏。其政务,严格要求上级而宽恕下民,赦免下民过错而救济贫穷;不因自己的喜欢而增加奖赏,不因自己的恼怒而加重刑罚;不放纵自己的欲望而劳民,不结怨激怒别国而使国家危险;上级无骄横的行为,下面无谄媚的规律;上级无私下的行为方式,下面无窃取权力的行为;上级无腐朽虫蛀的钱粮,下面无饥寒交迫的民众;不侍奉骄横行为而崇尚掌握管理,他的民众就安乐而且崇尚亲近。贤能的君主治国就是这样。"

赏 析

以上节选的文字着重论述了作为一名贤明的君主应该怎样治理国家,即要自身节俭,赏罚有度,使人民安居乐业。

知识链接

1.晏婴,字仲,谥平,也称晏子。春秋时齐国夷维(山东高密)人,齐国大夫。他是一位重要的政治家、思想家、外交家。

2.《晏子春秋》是记载春秋时期(公元前770年至公元前476年)齐国政治家晏婴言行的一部历史典籍,用史料和民间传说汇编而成,书中记载了很多晏婴劝告君主勤政,不要贪图享乐,以及爱护百姓、任用贤能和虚心纳谏的事例,成为后世人学习的榜样。

书中有很多生动的情节,表现出晏婴的聪明和机敏,如"晏子使楚"等就在民间广泛流传。通过具体事例,书中还论证了"和"和"同"两个概念。晏婴认为对君主的附和是"同",应该批评。而敢于向君主提出建议,补充君主不足的才是真正的"和",才是值得提倡的行为。这种富有辩证法思想的论述在中国哲学史上成为一大亮点。

中华传统文化

课外拓展

1. 晏子有名言："廉者，政之本也。"学习了本文结合名言谈谈你的感悟。

2. 晏子有名言："圣人千虑，必有一失；愚人千虑。必有一得。"请结合自身的优缺点谈谈你的"得"与"失"。

参考文献：《晏子春秋》、百度百科。

第15课　晏子春秋·卷四第十四（节选）

一个国家如果对大国傲慢、对小国轻视，这个国家就危险了。侍奉大国、帮助小国是使国家安定的办法。慎重断案，减轻赋税是使百姓繁衍生息的方法。

经典诵读

晏子聘于鲁。鲁昭公问曰："夫俨然[1]辱临敝邑，窃甚嘉之，寡人受贶[2]。请问安国众民，如何？"晏子对曰："婴闻傲大贱小则国危，慢听[3]厚敛则民散。事大养小[4]，安国之器也；谨听节俭，众民之术[5]也。"

——节选《晏子春秋》

注　释

[1]俨然：庄严的样子。[2]贶：（kuàng）恩惠。[3]慢听：轻率断案。[4]事大养小：侍奉大国，帮助小国。[5]术：方法。

中华传统文化

译文

晏子访问鲁国。鲁昭公问他："先生您庄严地屈尊来到我国，我心里非常高兴。我接受您的恩惠。请问想实现国家安定，百姓众多，要如何做呢？"晏子回答说："我听说，一个国家如果对大国傲慢、对小国轻视，这个国家就危险了。一个国家轻率断案，征收过多的赋税就会使民心涣散。侍奉大国、帮助小国，是使国家安定的办法。慎重断案、减轻赋税，是使百姓繁衍生息的方法。"

赏析

鲁昭公想使鲁国成为一个大国，但仍有疑虑，经过晏子的解说，鲁昭公明白了：只有自己富裕强盛了之后也帮助别国富裕强盛，不去掠夺他国的资源，不去拼命压榨他国人民；对自己的人民也不要强征暴敛，国家才会更加安定强盛。

知识链接

鲁昭公简介

鲁昭公（公元前560年至公元前510年），姬姓，名裯，一名稠、袑，鲁襄公之子，母齐归，春秋时期鲁国第二十四位国君，公元前542年至公元前510年在位。公元前542年，鲁昭公即位。公元前517年，鲁国因斗鸡而发生内乱，鲁昭公先后逃亡到齐国、晋国。公元前510年，鲁昭公在晋国的乾侯去世，终年五十一岁。

斗鸡之变

课外拓展

1. 名言积累：傲大贱小则国危，慢听厚敛则民散。事大养小，安国之器也。谨听节俭，众民之术也！

2. 讨论：一个国家的安定强盛，你觉得有哪些必备要素？

参考文献：《晏子春秋》、百度百科。

第16课　晏子春秋·卷三第三（节选）

　　能爱护邦国内民众的人，能使国外不善良的人服从；重视士民百姓生死劳苦的人，能制止残暴国家的邪恶势力；能听从并任用贤人，能威震诸侯；安于仁义而乐于有利于世间的人，能使天下人服从。

经典诵读

　　庄公问晏子曰："威当世而服天下，时耶？"晏子对曰："行也。"

　　公曰："何行？"对曰："能爱邦内之民者，能服境外之不善；重士民之死力者，能禁暴国之邪逆；听赁（lìn）[1]贤者，能威诸侯；安仁义而乐利世者，能服天下。不能爱邦内之民者，不能服境外之不善；轻士民之死力者，不能禁暴国之邪逆；愎（bì）[2]谏傲贤者之言，不能威诸侯；倍[3]仁义而贪名实者，不能威当世。而服天下者，此其道也已。"而公不用，晏子退而穷处。

——节选自《晏子春秋》

注　释

[1]赁：古同"任"。[2]愎：（bì）《左传·哀公二十七年》："知伯贪而愎，故韩魏反而丧之。"《韩非子·十过》："贪愎喜利，则灭国杀身之本也。"这里用为刚愎、

不听从之意。[2]倍：(bèi)通"背"。《管子·五辅》："长幼无等则倍，贫富无度则失。"《礼记·大学》："而民不倍。"这里用为背弃，背叛之意。

译 文

庄公询问晏子说："威震当世而使天下人归服，是需要时机吗？"晏子回答说："需要行为。"

庄公说："什么行为？"晏子回答说："能爱护邦国内民众的人，能使国外不善良的人服从；重视百姓生死劳苦的人，能制止残暴国家的邪恶势力；能听从并任用贤人，能威震诸侯；安于仁义而乐于有利于世间的人，能使天下人服从。不能爱护邦国内的民众，不能使境外不善的人服从；轻视士民生死劳苦的人，不能制止残暴国家的邪恶势力；不听从劝谏傲慢对待贤人的劝言，不能威震诸侯；背叛仁义而贪图名声和果实的人，不能威震当世。而使天下人服从，就是这条道路。"而庄公不采用，晏子便辞官而迁到穷乡僻壤居住。

赏 析

作为一个国君，想要威震当世，那就要使人民心服口服，要重视人民的生死，就能使人民不会组成邪恶势力。要安于仁义并且制定对人民有利的政策，人民就会心悦诚服。如果不顾人民的生死，人民就会组成自己的势力争取自己的利益。

知识链接

齐庄公，姜姓，吕氏，名光，公元前553—公元前548年在位。史称后庄公，关于他的事迹很多。本为齐灵公太子，但灵公却为了立宠姬所生的公子牙而派他出守即墨并改立公子牙为太子，还为了除掉他而攻打鲁国。后来灵公病重，大夫崔杼、庆封等从即墨将他迎回，杀死公子牙母子，齐灵公闻变吐血而亡，太子光即位，是为庄公。

他是个争议很大的人物，有建树也有过失。

中华传统文化

课外拓展

"水能载舟亦能覆舟",历史上有很多重视人民而国家得以昌盛的事例,也有很多因轻视人民的力量而国家覆灭的事例,请你说出几个这样的事例,并谈谈你的感受。

参考文献:《晏子春秋》、百度百科。

第五单元 《司马法》文选

　　《司马法》中国古代著名兵书,《武经七书》之一。《史记·司马穰苴列传》说:"齐威王使大夫追论古者《司马兵法》,而附穰苴于其中,号曰《司马穰苴兵法》。"《汉书·艺文志》称《军礼司马法》155 篇。《隋书·经籍志》称《司马法》3 卷,题为"司马穰苴撰",其后著录多因袭此说。今本只存一卷五篇:"仁本"、"天子之义"、"定爵"、"严位"、"用众"。本单元重点从其战争观、战略论、战术论和军事教育四方方面进行仔细分析,从中体会其鲜明的军事思想。

中华传统文化

第17课　司马法·仁本（节选）

本篇介绍了战争的性质、作战的原则、对待战败方的方式、王霸治理诸侯的方法等内容。"仁爱""以战止战"等观点具有先进性，为当时的诸侯王在治军治国方面有较强的指导性。

经典诵读

古者，以仁为本[1]，以义治之之谓正[2]。正不获意则权[3]。权出于战，不出于中人[4]。是故杀人安人[5]，杀之可也；攻其国，爱其民，攻之可也[6]；以战止战[7]，虽战可也。故仁见亲[8]，义见说[9]，智见恃[10]，勇见方，信见信。内得爱焉，所以守也；外得威焉，所以战也。

——《司马法·仁本》

注　释

[1]以仁为本：以仁爱为宗旨。本，指本源，根本。[2]以义治之之谓正：用合乎礼法规范的方法处事接物，谓之正当，正常。义，本义为妥切，恰当，引申为合乎礼法规定的行为规范。正，正常的途径，正当的手段。[3]权：本义为权衡，用以称量物之轻重。此处指权变，不得已而采取的特殊手段。[4]中人：中和仁慈。中，中庸，中和的意思。人，古同"仁"，仁爱，仁慈的意思。[5]杀人安人：通过杀戮个别坏人的途径来安抚保护大多数民众。[6]攻其国，爱其民，攻之可也：意谓攻打敌国的出发点是为了爱护帮助该国的民众，这样的军事行动是能够被允许的。[7]止战：制止战争，实现和平。[8]仁见亲：仁爱为人们所亲附。见，为、被；亲，亲附、依从。[9]说：同"悦"，悦服的意

思。[10]恃：依赖、依靠、依凭的意思。

译文

古人以仁爱为根本，以正义的方法处理国家大事，这就叫做政治。使用政治达不到目的时，就要使用权势。权势总是出于战争，而不是出于中和与仁爱。因此，杀掉坏人而使大众得到安宁时，杀人是可以的；进攻别的国家如果出于爱护它的民众，进攻是可以的；用战争制止战争，即使进行战争，也是可以的。因此，君主应该以仁爱为民众所亲近；以正义为民众所喜爱；以智谋为民众所倚重；以勇敢为民众所效法；以诚实为民众所信任。这样，对内就能得到民众的爱戴，借以守土卫国；对外就能具有威慑力量，借以战胜敌人。

赏析

本篇提出用战争制止战争的观点，也就是说，战争有正义与非正义之分，正义之师是得到民众拥护和爱戴的，是有益于国家安定的。这在当时是非常有远见的观点。

知识链接

《司马法》

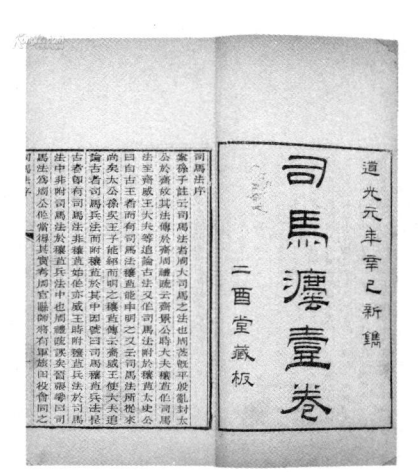

《司马法》按战争的目的，把战争分为正义与非正义两大类。认为平天下之乱而除万民之害、诛暴扶弱的战争是正义的。为扩大疆土或夺取财货、恃国之大而凌辱小国之民的战争是非正义的。兴兵作战要"以仁为本"，强调发动战争应以保护人民的利益为前提条件。在对敌政策问题上，不主张侵犯敌国民众的利益，要求军队在进入敌区后，严格遵守纪律，以求得敌国民众的同情与支持。这是中国最早关于对敌政策和群众纪律的论述。

备战、慎战是《司马法》战争观的一个重要思想。它认为，"天下虽安，忘战必危"。强调居安思危，常备不懈，每年借春秋时期两次大规模的围猎活动进行军事操法训练和检阅，以示全国上下不忘战并随时准备应战。在强调备战的同时，又强调"国虽大，好战必亡"，要备战，但不可好战。

课外拓展

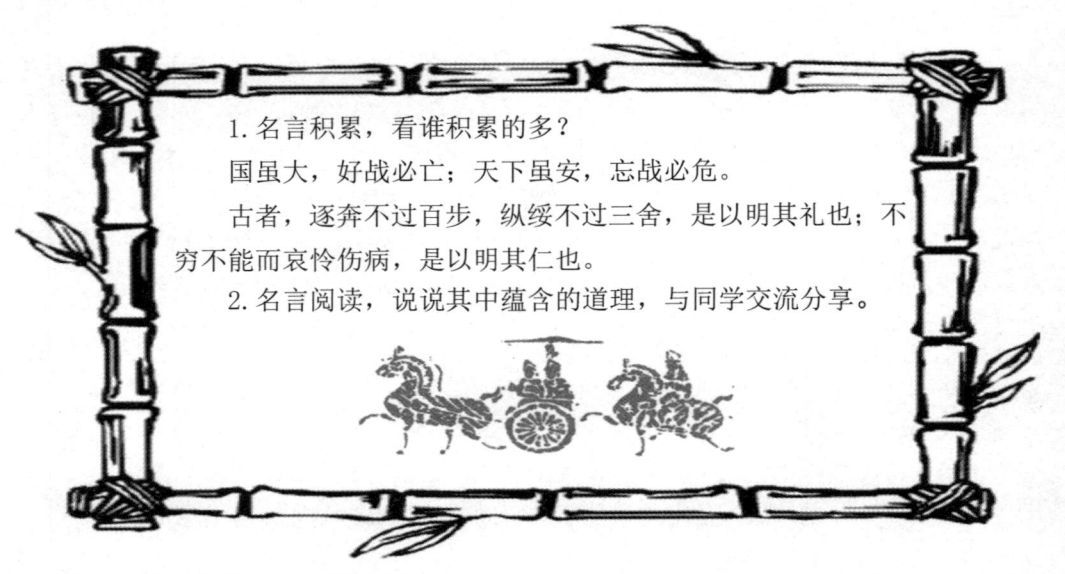

1. 名言积累，看谁积累的多？

国虽大，好战必亡；天下虽安，忘战必危。

古者，逐奔不过百步，纵绥不过三舍，是以明其礼也；不穷不能而哀怜伤病，是以明其仁也。

2. 名言阅读，说说其中蕴含的道理，与同学交流分享。

参考文献：《司马法》、百度百科。

第18课　司马法·定爵（节选）

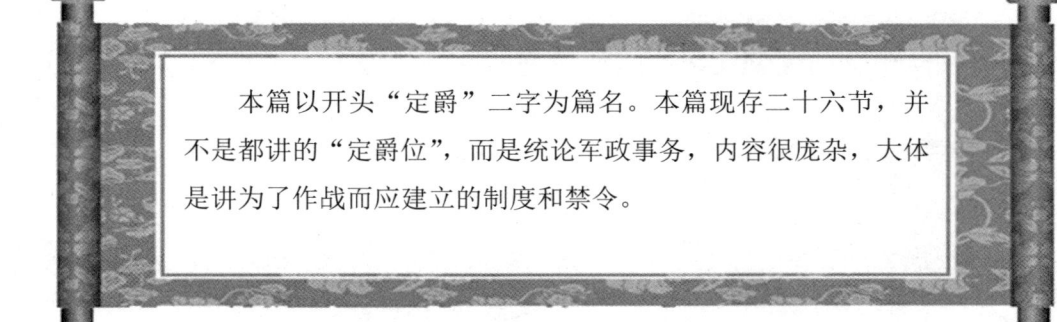

本篇以开头"定爵"二字为篇名。本篇现存二十六节，并不是都讲的"定爵位"，而是统论军政事务，内容很庞杂，大体是讲为了作战而应建立的制度和禁令。

经典诵读

凡战，智也。斗，勇也[1]。陈，巧也[2]。用其所欲[3]，行其所能[4]，废其不欲不能。于敌反是[5]。凡战，有天[6]，有财[7]，有善[8]。时日不迁[9]，龟胜微行[10]，是谓有天。众有有[11]，因生美[12]，是谓有财。人习陈利[13]，极物以豫[14]，是调有善。人勉及任[15]，是谓乐人[16]。

——节选自《司马法·定爵》

注释

[1]斗，勇也：近敌格斗，靠的是勇敢不畏牺牲。斗，两人相搏曰斗；战，多人合斗曰战。
[2]陈，巧也：布列阵势，推崇的是巧妙变化，灵活机动。陈，即"阵"。[3]用其所欲：设法实现自己的意愿。欲，欲望、意愿。[4]行其所能：做自己所能办到的事情。[5]于敌反是：对于自己的敌人，则要反其道而行之。意即让敌人无法实现自己的意愿，去做自己不情愿做的事情。[6]有天：的天道之助，即所谓上占天时。[7]有财：有财货之利，指物资资源雄厚。[8]有善：指拥有有利的作战条件，掌握战争的主动权。善，完善、完

备。[9]时日不迁：意谓不错过适当的时机。[10]龟胜微行：一旦占卜到胜利的预兆即要机密的展开行动。龟胜，用龟甲占卜获得吉兆。微行，机密的行事，做到神鬼莫测。[11]众有有：意谓民众殷实富足。[12]因生美：因民众富足而造就国家强盛。此处有藏富于民的含义。[13]人习陈利：士卒训练有素，阵法优越先进。习，熟习（战法）；陈，即"阵"。[14]极物以豫：指武器装备精良且预先作好充分的准备。[15]人勉及任：人人都受到勉励，能够积极去完成上级所布置的战斗任务。[16]乐人：人人乐与作战的意思。

译文

作战指挥要用智谋，战斗行动要靠勇敢，军队布阵要巧妙灵活。要力求实现自己的意图，但也要量力而行，不要去做违背自己意图和力所不及的事。对于敌人则相反，（要使他去做他所不愿做或不能做的事）。

凡是作战，应该有天、有财、有善。遇到好时机不要错过，占卜有了胜利的征兆就机密行动，这就叫"有天"。民众富足，国力充沛，这就叫"有财"。士卒训练有素，阵法熟练，物资器材充足准备，这就叫"有善"。人人都能尽力去完成战斗任务，这就叫"乐人"。

赏析

《定爵》篇，统论为进行战争而作的政治、思想、物资、军事和利用自然条件等各种准备以及阵法运用的原则等。

《司马法》军事思想

人才、法纪、宣传、技巧、火攻、水战、兵器是军中七政，要努力搞好，充分发挥它们的作用。荣誉、利禄、耻辱、刑罚是军中的四种法纪，要将士严格遵守。

仁爱、信用、正直、统一、道义、权变、专断是治理军中乱政的原则，要运用得当。

凡军中的规章制度，都要依据广大士卒的要求来制定，并在实践中得到检验，经反复执行形成"法规"。

凡军中法制，要使人能接受，要清楚严明，要雷厉风行执行，树立法制权威。要规定军中各等级服制，并用颜色区别，坚决禁绝百官服制混乱。在军中，执法要"专"，不服从法纪者要制裁，从将军到士卒，上下都要"畏法"。

从思想准备上说，是统一军中意志，使士卒的意志统一到将军的意志中去。军令不统一，军中有"不服、不信、不和"以及玩忽职守、猜疑厌战、分崩离析、推诿责任等现象，都是战争的祸患。而骄傲、畏惧、吵闹、犹豫、做事反复等则会破坏军威，要坚决制止。在军中，一切都要服从将帅指挥，将帅调动士卒应像以手调指那样自由。这样的军队才是具有战斗力的军队。

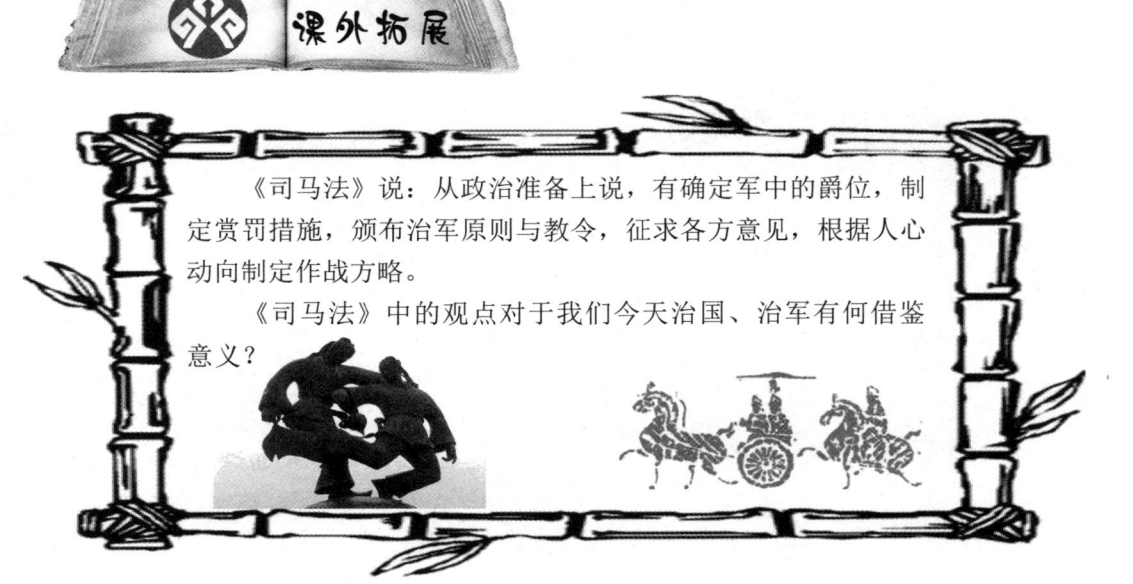

课外拓展

《司马法》说：从政治准备上说，有确定军中的爵位，制定赏罚措施，颁布治军原则与教令，征求各方意见，根据人心动向制定作战方略。

《司马法》中的观点对于我们今天治国、治军有何借鉴意义？

参考文献：《司马法》、百度百科。

第19课　司马法·严位（节选）

本篇阐述了军阵的构成要素，对阵中士卒的位置、姿势、进退要领，迎敌时的精神状态和变化予以了充分和真切的反映。它具体展示了古代战阵的形式和特点，重现了当时作战的大体状况。这是今天研究先秦时期战争作战方式的珍贵史料。

经典诵读

凡战，以轻行轻则危[1]，以重行重则无功[2]，以轻行重则败，以重行轻则战，故战相为轻重[3]。

舍谨甲兵[4]，行慎行列，战谨进止。

凡战，敬则慊[5]，率则服[6]。上烦轻，上暇重[7]。奏鼓轻，舒鼓重[8]。服肤轻，服美重[9]。

凡马车坚，甲兵利，轻乃重[10]。

凡战，击其微静[11]，避其强静[12]；击其疲劳，避其闲窕[13]；击其大惧，避其小惧[14]，自古之政也。

——节选自《司马法·严位》

注　释

[1]以轻行轻则危：意谓以我之少量兵力去对付敌人的少量兵力就会有危险。[2]以重行重则无功：意谓在敌我双方实力都强的情况下，双方交战等于是拼消耗，容易两败俱伤，劳而无功。[3]战相为轻重：作战就是敌对双方互相使用不同的兵力的较量。[4]舍谨甲兵：军队屯驻时应注意兵器甲胄的放置，以便遇有突发情况时可以马上取用，投入战斗。谨，谨慎从事的意思。[5]敬则慊：将帅能恭敬谦和则可使士卒尊重拥戴自己。[6]率则

服：将帅处处身为表率就能使士卒信赖服从。[7]上烦轻，上暇重：将帅急躁烦乱则行事不免轻率，将帅悠闲沉着则遇事自能持重。[8]奏鼓轻，舒鼓重：奏鼓，节奏紧凑的鼓音。舒鼓，节奏舒缓的鼓音。轻，轻捷、迅捷。重，持重、沉稳。[9]服肤轻，服美重：服，服装，军服。肤，简陋，单薄。轻，不庄重，意为军容萎靡不振。重，庄重，壮观。[10]轻乃重：劣势于是便转化为优势。乃，转折副词，于是、就的意思。[11]击其微静：指敢于进攻那些兵力弱小而故作镇静的敌人。[12]避其强静：意谓要避免和实力强大而又沉着冷静的敌人作正面交锋。[13]避其闲窕：指努力避免同休整良好、心理状态泰然自若之敌进行交战。[14]避其小惧：指避免去进攻那些已经有所戒备之敌。小惧，心理上可以承受的担忧。

译 文

一般作战：使用小部队对敌小部队可能有危险，使用大部队对敌大部队就可能不成功，使用小部队对敌大部队就要失败，使用大部队对敌小部队就要迅速决战，所以作战是双方兵力的对比和较量。

驻军时要注意严整战备，行军时要注意行列整齐，作战时要注意进止有节。

凡是作战，谨慎从事就能达到目的，以身作则就能服众。将帅急躁烦乱就命轻率行事，将帅从容不迫就会遇事持重。鼓点紧就是号令急速前进，鼓点缓就是号令徐缓前进。服装薄而轻行动就敏捷，服装厚而重行动就迟缓。

只要兵车坚固，甲胄兵器精良，虽是小部队也能起大部队的作用。

凡是作战，要进攻兵力弱小而故作镇静的敌人，避开兵力强大而沉着镇静的敌人；进攻疲劳沮丧的敌人，避开安闲轻锐的敌人；进攻非常恐惧的敌人，避开有所戒备的敌人，这些都是自古以来治军作战的方法。

赏 析

以上节选的文字着重论述了治军作战的具体方法，并分别从兵力、驻军、将帅的行为、鼓点、服装、兵车等方面进行了具体说明。

知识链接

《司马法》强调轻、重相结合的原则。"轻""重"在《司马法》中有不同的含义，既指兵力的大小，人数的多少，又指兵器的长短、大小等。这种轻重结合的原则体现在许多方面，不论是武器配备、兵力的运用，还是军队的指挥，都要注意轻重结合。

课外拓展

1. 积累：战，以力久，以气胜，以固久，以危胜。

击其微静，避其强静；击其疲劳，避其闲窕；击其大惧，避其小惧。

2. 讨论：读了本篇，你怎样看待作者在战争中强调的"心中仁，行中义"这一主张？

参考文献：《司马法》、百度百科。

第20课　司马法·天子之义（节选）

本篇对建军、治军问题进行了系统、精辟的论述，主张在国尚礼，在军尚法，礼与法互为表里，互为弥补，各有其用，并行不悖。为此，它提出了一个十分著名的命题："国容不入军，军容不入国。"这一主张对后世产生了深远的影响。

经典诵读

古者，逐奔不远，纵绥不及，不远则难诱，不及则难陷[1]。以礼为固[2]，以仁为胜[3]，既胜之后，其教可复[4]，是以君子贵之也。

兵不杂则不利[5]。长兵以卫，短兵以守，太长则难犯太短则不及。太轻则锐，锐则易乱。太重则钝，钝则不济[6]。

军旅以舒为主[7]，舒则民力足。虽交兵致刃[8]，徒不趋[9]，车不驰[10]，逐奔不踰列[11]，是以不乱。军旅之固，不失行列之政[12]，不绝人马之力，迟速不过诫命[13]。

——节选自《司马法·天子之义》

注释

[1]难陷：难以进行设伏打击。[2]以礼为固：依靠礼义这个杠杆，以保证军队固如磐石，不可动摇。[3]以仁为胜：依靠仁爱来克敌制胜。[4]其教可复：指仁义教化之举可以重新得到恢复。[5]兵不杂则不利：意为各类兵器如果不妥善搭配使用就发挥不了作用。杂，掺杂搭配使用。[6]不济：派不上用场，耽误作战。济，满足、有效果。[7]军旅以舒为主：舒，徐缓、从容不迫。这里指进攻的速度宜徐缓。[8]交兵致刃：兵器相击，喻指战场上双方激烈地进行交锋。[9]徒不趋：步兵不奔驰。趋，奔跑疾走。[10]车不驰：战车不奔驰。[11]逐奔不逾列：意为即使是在追击逃跑的敌人时也不逾越规定的行列。[12]行列之政：指行列的部署。行是纵的队形，列是横的队形。[13]迟速不过诫命：进攻行动的快慢节奏不违背上级所颁布的指令。诫命，上级的指示、命令。

译文

古人用兵，追击败逃的敌人不过远，追踪主动退却的敌人不迫近。不过远就不易被敌人诱骗，不迫近就不易陷入敌人的圈套。以礼制为规范，军队就能巩固，用仁爱为宗旨，就能战胜敌人。用这种方法，取胜以后，还可以反复运用，因而贤德的人都很重视这种方法。

各种兵器不配合使用，就不能发挥威力。长兵器用以掩护短兵器，短兵器用以抵近战斗。兵器太长就不便使用，太短就打击不到敌人。太轻就脆弱，脆弱就容易折毁。太重就不锋利，不锋利就不中用。

军队行动，以从容不迫为主，从容不迫就能保持士卒力量的充沛。虽在冲锋陷阵中，步兵也不要快步走，兵车也不要奔驰，追击敌人也不准超越行列，这样才不至扰乱战斗队形。军队的稳固性，就在于不打乱行列的秩序，不用尽人、马的力量，行动的快慢决不许超出命令的规定。

注释

以上节选的文字着重论述了在军事教育方面的具体做法，分别从用兵、兵器的使用及军队行动三个方面进行了具体的说明。

知识链接

《司马法》一向受到统治者、兵家和学者们的重视。它所阐述的以法治军的思想和具体的军法内容,为其后各时期制定军队法令、条例提供了依据。历朝论证周代军制和注解古籍者对《司马法》多所称引。宋代以来,该书被列为武举应试的经典之一,传播更加广泛。在世界上也有一定的影响。但其泥古保守的思想则不可取。

课外拓展

1. 积累：国容不入军,军容不入国,故德义不相逾。
以礼为固,以仁为胜。
2. 讨论：你怎样看待"国容不入军,军容不入国"这一军事主张？

参考文献：《司马法》、百度百科。

第六单元

稷下论坛（黄老学派）

　　稷下黄老之学产生于战国时期的齐国，属于道家，是吸收外来道家思想和齐国传统思想文化融合而成的。其基本政治思想理论，即掌握和顺乎客观规律而达到有为的政治目的。代表人物是在"稷下学宫"讲学的慎到、田骈、环渊等。本单元就带领大家走近他们，走进黄老之学。

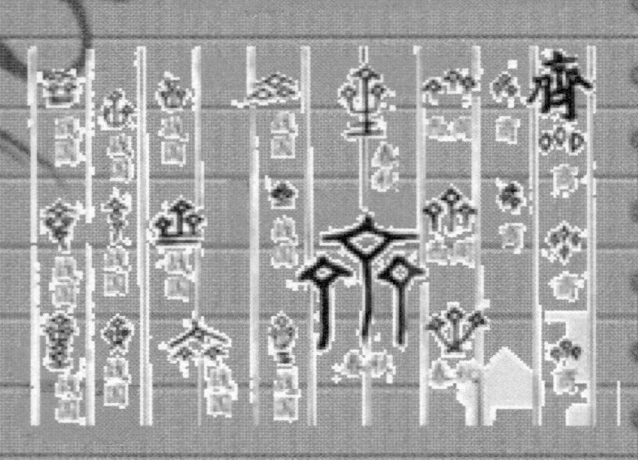

第21课　慎子《因循》

慎子，慎到（约公元前390年至公元前315年），赵国人，原来学习道家思想，是从道家中分出来的法家代表人物。《慎子》的佚失情况相当严重，大多已经失传。现存只有七篇，即《威德》《因循》《民杂》《德立》《君人》《知忠》《君臣》。

经典诵读

天道[1]因则大，化[2]则细。因也者，因人之情也。人莫不自为[3]也，化而使之为我[4]，则莫可得而用矣。是故先王见不受禄者不臣，禄不厚者不与入难[5]。人不得其所以自为也，则上不取用焉。故用人之自为，不用人之为我，则莫不可得而用矣。此之谓因。

——选自《慎子·因循》

注　释

[1]天道：这里指的是自然、天体运动变化的自然规律，古人也运用天道来推测人事的凶吉祸福的演变。[2]化：变化。[3]自为：人人皆有为自己的利欲。[4]为我：为自我利己的目的。[5]入难：担当重任，患难担当。

译 文

　　天道因循自然就广大，人为地改变它就缩小。所谓因循，就是遵循自然规律，顺应民情。人们没有不愿尽心尽力为自己做事的，要强求他们改变为自己做事而变成为我做事，那就不可能找到合用的人材。因此，古代帝王对不肯接受俸禄的人，不任用他们做臣子。对于接受俸禄不优厚的人，不允许他们担当艰巨的工作。人们如果不能尽自己的能力去做事情，那么君主就不选拔任用他们。所以，君主要善于利用人们都尽力为自己做事的特点，不要强求他们去做不愿做的事，那么天下就没有不能为我所用的人，这就叫做因循自然，顺应民情。

赏 析

　　本文着重论述了作为一名君主应该如何去做，即知人善任，善于洞察人们的心理，因循自然，顺应民情。

知识链接

　　慎子，慎到（约公元前390年至公元前315年），赵国人，原来学习道家思想，是从道家中分出来的法家代表人物。齐宣王、齐泯王时游学稷下，在稷下学宫讲学多年，有不少学生，在当时享有盛名。在稷下时，与田骈、接子、环渊等有较多的交往。他们一起被齐王命为大夫，受到尊敬，齐王还特意为他们建起了高楼，修筑了四通八达的道路。齐宣王时，他曾长期在稷下讲学，对法家思想在齐国的传播做出了贡献。

课外拓展

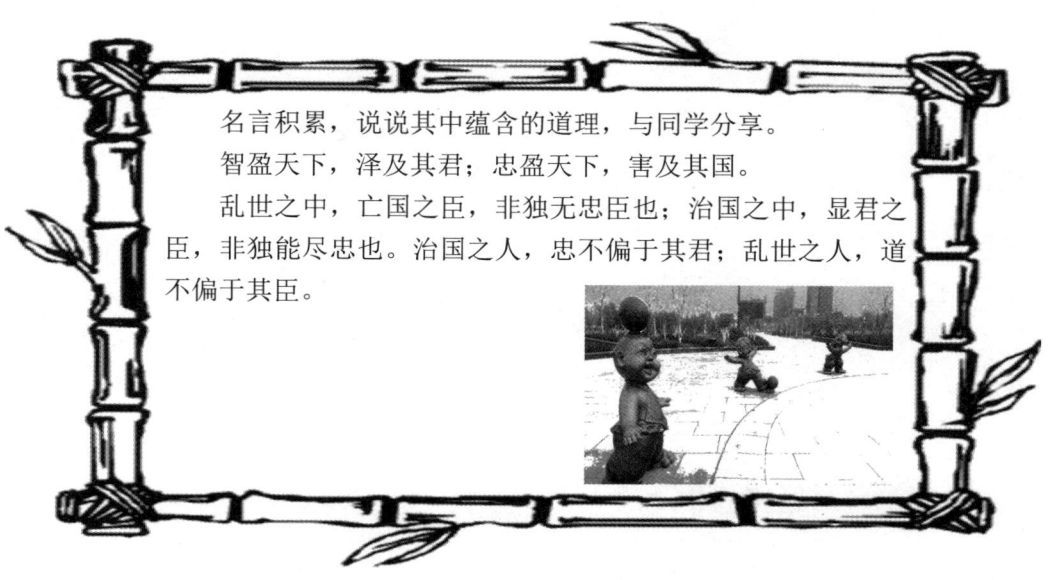

名言积累，说说其中蕴含的道理，与同学分享。

智盈天下，泽及其君；忠盈天下，害及其国。

乱世之中，亡国之臣，非独无忠臣也；治国之中，显君之臣，非独能尽忠也。治国之人，忠不偏于其君；乱世之人，道不偏于其臣。

参考文献：《慎子》、百度百科。

中华传统文化

第22课　慎子《德立》

慎子，在稷下时，与田骈、接子、环渊等有较多的交往。他们一起被齐王命为大夫，受到尊敬，齐王还特意为他们建起了高楼大厦，修筑了四通八达的道路。齐宣王时，他曾长期在稷下讲学，对法家思想在齐国的传播做出了贡献。

经典诵读

立天子者，不使诸侯[1]疑焉；立诸侯者，不使大夫疑焉；立正妻[2]者，不使嬖[bì]妾[3]疑焉；立嫡子[4]者，不使庶孽[niè][5]疑焉。疑则动，两则争，杂则相伤，害在有与[6]，不在独也。故臣有两位者，国必乱。臣两位而国不乱者，君在也。恃[7]君而不乱矣，失君必乱。子有两位者，家必乱；子两位而家不乱者，父在也。恃父而不乱矣；失父必乱。臣疑其君，无不危之国；孽疑其宗[8]，无不危之家。

——节选自《慎子·德立》

注　释

[1]诸侯：西周受分封的各国国君亦可称诸侯，但规定要服从周天子的王命，定期向朝廷朝贡述职。[2]正妻：指古代第一位结发的正式妻子，亦称嫡妻正室，而与侧室、嬖妾相对。[3]嬖妾：受宠爱的妾，与正妻相对。[4]嫡子：正妻所生的长子，称为"嫡长子"。[5]庶孽：嬖妾所生之子，也称"庶子"、"庶出"。[6]有与：这里的意思是两个有相

同地位的事物之间的矛盾。[7]恃：依赖、依靠。[8]宗：祖宗、祖先的意思。

译 文

拥立天子国君的位置，就不能使诸侯产生怀疑；确立正妻的地位，不能使嬖妾产生怀疑；确立嫡子的地位，不能使庶子产生怀疑。互相怀疑就不会安宁，有了对立的双方就容易产生争斗，互相争斗的结果就是互相残害，危害就产生在这种双方的争斗中，而不会只产生于单独的一方。所以，大臣中有两个官位相同的，国家必定发生混乱。两个大臣官位相同而国家却没有发生混乱的，是因为仗着君主还在位的缘故。正因为依赖君主在位才使国家没有出现混乱的局面，如果君主失位，国家就必然出现混乱。家中如果确立两个地位相同的嫡子，家庭就必然出现混乱。如果家中确立了两个地位相同的嫡子而没有出现混乱，是因为仗着父亲还健在的缘故。正因为依赖父亲的健在才使家庭没有发生混乱，如果父亲去世，家庭就必然出现混乱。因此，臣子如果怀疑君主，国家没有不发生危险的；庶子如果怀疑嫡子，家庭没有不发生危机的。

赏 析

以上节选的文字着重论述了作为一名君主应该如何设立官位，使国家安定。作者将治理小家与治理国家类比，使得道理浅显易懂。

知识链接

《慎子》一书，司马迁《史记·孟子荀卿列传》中介绍说有"十二论"。徐广注释道："今《慎子》，刘向所定，有四十一篇。"班固《汉书·艺文志》著录为四十二篇，宋代的《崇文总目》记为三十七篇。现存《慎子》只有七篇，即《威德》《因循》《民杂》《德立》《君人》《知忠》《君臣》。由此可见，《慎子》的佚失情况相当严重，大多已经失传。

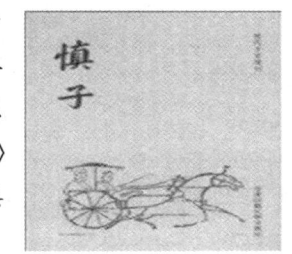

课外拓展

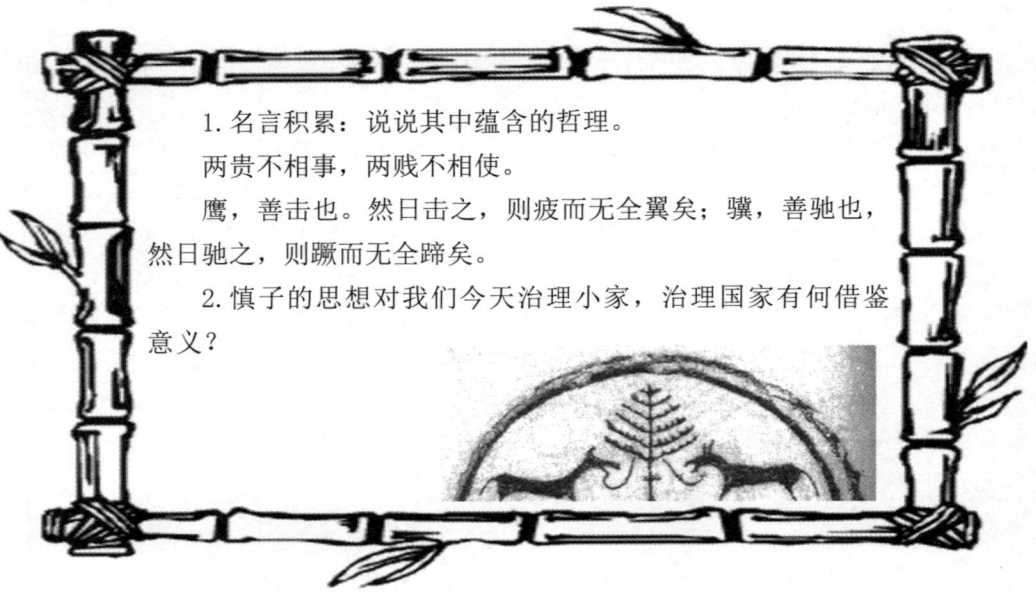

1. 名言积累：说说其中蕴含的哲理。

两贵不相事，两贱不相使。

鹰，善击也。然日击之，则疲而无全翼矣；骥，善驰也，然日驰之，则蹶而无全蹄矣。

2. 慎子的思想对我们今天治理小家，治理国家有何借鉴意义？

参考文献：《慎子》、百度百科。

第23课　田子捃逸"田骈以道术说齐"

道的作用不是直接用于治国，所以通常不被一般人看重。田骈以道术说齐王，结果会怎样呢？

经典诵读

田骈（pián）以道术说[1]齐[2]，齐王应之曰："寡人[3]所有者，齐国也，愿闻齐国之政[4]。"田骈对曰："臣之言，无政而可以得政。譬（pì）[5]之若林木，无材而可以得材。愿王之自取齐国之政也。"骈犹[6]浅[7]言之也[8]，博言之，岂[9]独齐国之政哉？变化应来而皆有章[10]，因性任物而莫不宜当[11]。彭祖[12]以[13]寿，三代以昌[14]，五帝以昭[16]，神农[17]以鸿[18]。

——节选自《吕氏春秋·执一》

注　释

[1]说：劝说。[2]齐：齐国，战国时诸侯国之一，都城在现在山东省淄博市临淄区。[3]寡人：秦始皇之前的君主自称，春秋战国时期常用。[4]政：治理政事的道理。[5]譬：好

像。[6]犹：还，尚且。[7]浅：（就）浅显（的方面）。[8]博：（就）广博（的方面）。[9]岂：难道。[10]章：规律。[11]因性任物而莫不宜当：根据其本性来使用万物，就没有什么不恰当合适的。[12]彭祖：一作彭铿，或云姓籛，名铿，传以长寿见称。原系先秦传说中的仙人，后道教奉为仙真。[13]以：凭借。[14]昌：昌盛。[15]五帝：人物合称，指上古时代汉族传说中的五位部落首领。[16]昭：卓著。[17]神农：炎帝，是中国上古时期姜姓部落的首领尊称，号神农氏。[18]鸿：兴盛。

译文

田骈以道术劝说齐王，齐王回答他说："我所拥有的只是齐国，希望听听如何治理齐国的政事。"田骈回答说："我说的虽然没有政事，但可以由此推知政事。这就好像树木一样，本身虽不是木材，但可以由此得到木材。希望您从我的话中自己选取治理齐国政事的道理。"田骈还是就浅显的方面说的，就广博的方面而言，岂只是治理齐国的政事是如此呢？万物的变化应和，都是有规律的，根据其本性来使用万物，就没有什么不恰当合适的，彭祖因此而长寿，三代因此而昌盛，五帝因此而卓著，神农因此而兴盛。

赏析

从田骈对齐王的这段阐述中，可见，稷下道家黄老学派的基本政治思想理论，即掌握和顺应客观规律而达到有为的政治目的。选文所说的"道术"，是指"因性任物"而为，包含着因循事物的变化规律而行动就能有所作为的积极因素，实际上把老子的"无为"诠释成因循事物的本性而为，这种情况表明，田骈并非全面继承了老学的思想，而是根据时代的需要选择了老子某一方面的思想加以发挥，应属于稷下黄老之学的早期表现形态。

知识链接

1. 田骈（约公元前370至公元前291年），又名田广，一名陈骈，人称"天口骈"。齐国（今山东临淄）人。战国时代的思想家、哲学家。中国战国时期的思想家，是齐国临淄稷下道家学派的中坚人物。他本学黄老，借道明法，与慎到齐名。曾讲学稷下，雄于辩才。曾从彭蒙之师学到"贵齐"要领，主张"齐万物以为首"，要求摆脱各自的

是非利害，回到"明分""立公"的自然之理，从"不齐"中实现"齐"。《汉书·艺文志》著录《田子》二十五篇，列入道家，已佚。

2.《吕氏春秋》是在秦国丞相吕不韦主持下，集合门客们编撰的一部黄老道家名著。成书于秦始皇统一中国前夕。此书以道家思想为主干贯穿全书始终，融合各家学说。全书共分十二卷，一百六十篇，二十余万字。

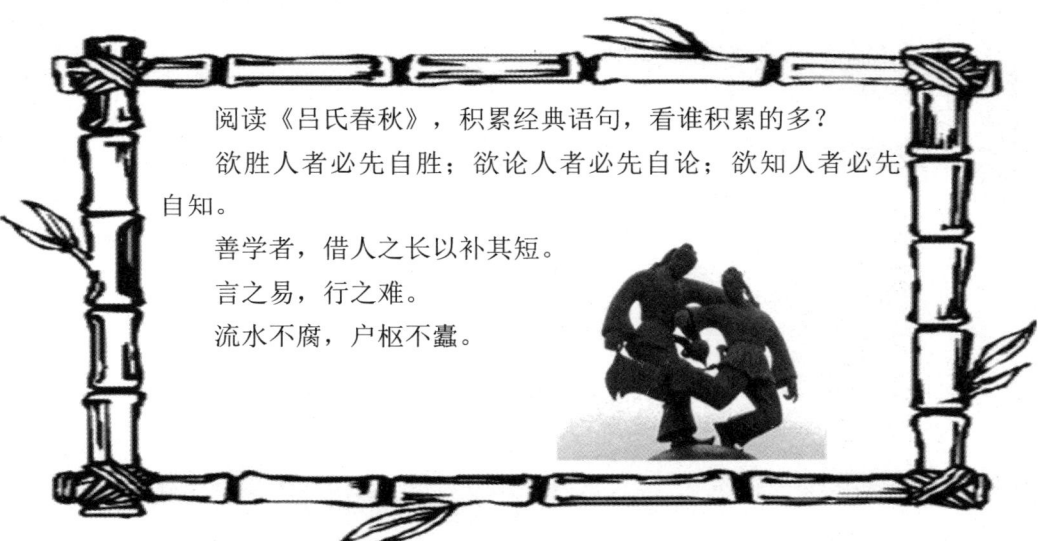

课外拓展

阅读《吕氏春秋》，积累经典语句，看谁积累的多？

欲胜人者必先自胜；欲论人者必先自论；欲知人者必先自知。

善学者，借人之长以补其短。

言之易，行之难。

流水不腐，户枢不蠹。

参考文献：《吕氏春秋》、百度百科。

中华传统文化

第24课　田子捃逸"齐人见田骈"

《战国策》作为研究战国社会的重要史料，其中记录的关于黄老学说代表人物田骈的故事，也从侧面反映出稷下学宫的昌盛和黄老学说当时所收到的重视。

经典诵读

齐人见田骈[1]，曰："闻先生高议，设为[2]不宦，而愿为役。"田骈曰："子何闻之？"对曰："臣闻之邻人之女。"田骈曰："何谓也？"对曰："臣邻人之女，设为不嫁，行年三十而有七子。不嫁则不嫁，而嫁过毕矣[3]！今先生设为不宦，訾养千锺（zhōng）[4]，徒[5]百人。不宦则然矣，而富过毕也！"田子辞[6]。

——节选自《战国策·齐策》

注　释

[1]田骈：齐国人，他自己不愿意做官而愿意为人民服务。[2]设为：主张的意思。[3]而嫁过毕矣：而超过出嫁的人所生的孩子多多了。过：超过，动词。毕：极尽。[4]訾养千

锺：訾，同"资"。锺，古代量器，一锺合六斛四斗。[5]徒：步行随从人员。[6]辞：谢谢。

译 文

齐国有个人去拜见学士田骈，说："听说先生尊崇大义，不做官，而愿为人民服务。"田骈说："您是从哪儿知道的？"回答说："我是从邻居之女那儿知道的。"田骈说："这是什么意思？"回答说："我的邻居之女，不愿出嫁，三十岁了，却有七个儿子。不嫁虽是不嫁，而超过出嫁的人所生的孩子多多了。现先生不愿做官，而俸禄千钟，门徒百人。不做官虽是不做官，可是比起做官的人还要富有呀。"田骈听后，虚心受教表示感谢。

赏 析

在道德至上的中国，清高的言行必然会带来美誉，道德上的作秀充斥官场。其实在政治上最要不得的就是清高和矫情，政治的标准是功利和实效，而清高之人忙于一些虚的东西而损害了实际的效用，表面一套，背后一套，虚伪透顶，影响的是事情的效率和国家的利益。

知识链接

《战国策》：是汇编而成的历史著作，韩非子主撰，非一时一人之作。主要出于战国时代，包括策士的著作和史臣的记载，汇集成书，当在秦统一以后。原来的书名不确定，西汉刘向考订整理后，定名为《战国策》。总共三十三篇，按国别记述。记事年代大致上接《春秋》，下迄秦统一。以策士的游说活动为中心，反映出这一时期各国政治、外交的情状。全书没有系统完整的体例，都是相互独立的单篇。战国策善于述事明理，大量运用寓言、比喻，语言生动，富于文采。虽然书中所记史实和说辞不可尽信，但其仍是研究战国社会的重要史料。

中华传统文化

课外拓展

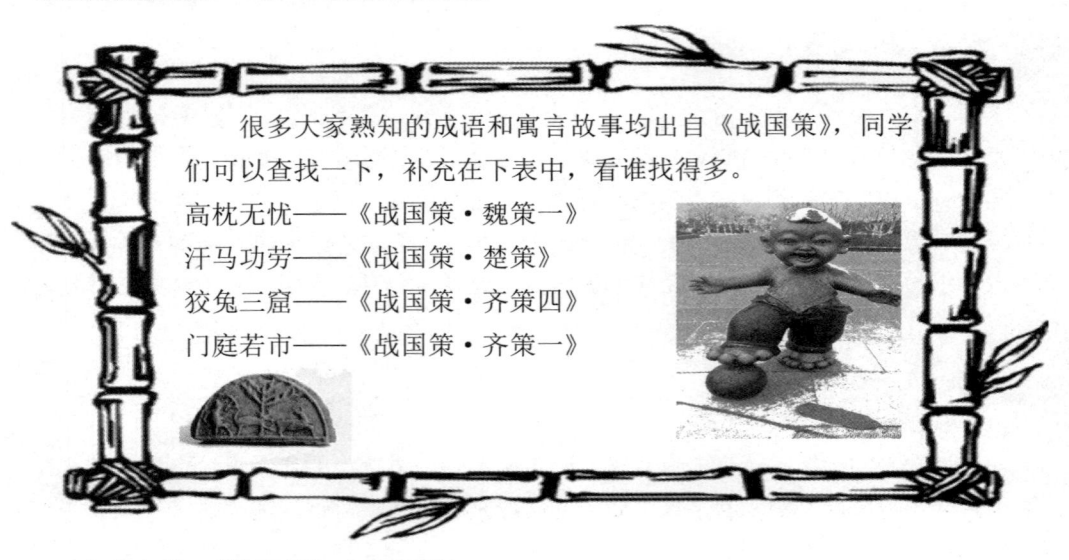

很多大家熟知的成语和寓言故事均出自《战国策》，同学们可以查找一下，补充在下表中，看谁找得多。

高枕无忧——《战国策·魏策一》
汗马功劳——《战国策·楚策》
狡兔三窟——《战国策·齐策四》
门庭若市——《战国策·齐策一》

参考文献：《战国策》、百度百科。

第七单元

齐医学相关文选

秦越人（扁鹊）是中国传统医学的主要奠基者之一，也是我国战国时期，齐国的著名医学家和齐派医学的创始人。西汉时期，著名历史学家司马迁在《史记》中，即以秦越人和淳于意为核心的两个医疗群体，合撰为《扁鹊仓公列传》。为我们留下了极为珍贵的历史资料。扁鹊和淳于意是中国历史上的齐国名医，本单元通过介绍两人的几则医例，感受他们高超的医术，了解齐国医学成就。

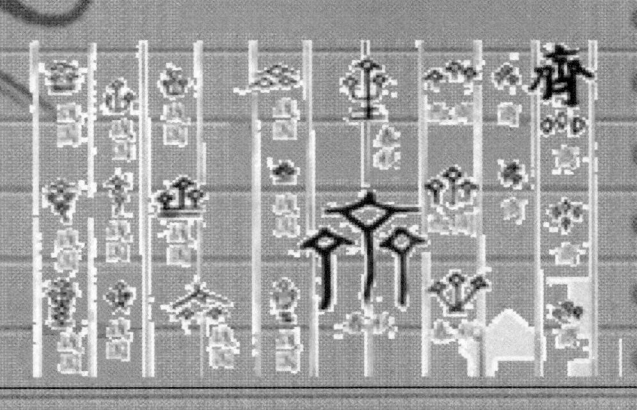

第25课　扁鹊内经（节选）

扁鹊，名越人（秦越人），又号卢医，战国时期医学家。约生于周威烈王十九年（公元前407年），卒于赧王五年（公元前310年）。扁鹊善于运用四诊：望、闻、问、切。尤其是脉诊和望诊来诊断疾病精于内、外、妇、儿、五官等科，应用砭刺、针灸、按摩、汤液、热熨等法治疗疾病，被尊为医祖。

经典诵读

扁鹊者，勃海郡郑人也，姓秦氏，名越人。少时为人舍长[1]，舍客长桑君过[2]，扁鹊独奇之，常谨遇之，长桑君亦知扁鹊非常人也。出入十余年，乃呼扁鹊私坐，间与语曰："我有禁方[3]，年老，欲传与公，公毋泄。"扁鹊曰："敬诺。"乃出其怀中药与扁鹊："饮是以上池之水[4]三十日，当知物矣。"乃悉取其禁方书尽与扁鹊，忽然不见，殆非人也。扁鹊以其言饮药三十日，视见垣一方人[5]。以此视病，尽见五藏症结[6]，特以诊脉为名耳。为医或在齐[7]，或在赵，在赵者名扁鹊。

——节选自《史记·扁鹊仓公列传第四十五》

注释

[1]舍长：客馆之长，即招待宾客处所的管理人。[2]长桑君：长桑为复姓，君为尊称，这是一位道术高深却隐而不仕的医生。[3]禁方：秘密之方、秘方。[4]上池之水：从天而降而未接触地表的水，如竹木枝叶上所凝结的露水、古人用金属所制承露盘中所收集的夜露水。这里以上池之水服药，一月之内能诱发人体特异功能，透视诸物和病灶。[5]视见垣一方人：本句意为能透视垣墙外另一边的人。[6]五藏：指内脏中的心、肝、脾、肺、肾；亦连类而及"六腑"，即大、小肠、胃、胆、膀胱、三焦。症结：腹中因疾病而积聚形成的块状物。[7]《史记正义》说，在齐号为卢医。

译文

扁鹊，是勃海郡郑地人，姓秦，名越人。年轻时给人当过旅舍的主管人。食客长桑君到来，唯独扁鹊认为他奇异不凡，非常恭敬地接待他，长桑君也知道扁鹊不是一个寻常的人。来往了十多年后，长桑君才叫去扁鹊私下坐谈，悄悄地跟他说："我有秘方，如今年纪老了，想传给先生，先生不要泄漏。"扁鹊恭敬地说："遵命。"长桑君就拿出他怀中的药交给扁鹊说："用未沾到地面的水服用这药三十天，就能洞察隐微的事物了。" 说罢就取出了他的秘方书全部都送给了扁鹊。然后，就忽然不见了，他大概不是一位凡人吧！扁鹊按照他的话服了三十天药，便能看见墙另一边的人。用这个本领看病，可以完全看得见五脏疾病的症结，只是用诊脉作为名义罢了。他行医有时在齐国，有时在赵国，在赵国的时候被人们称为"扁鹊"。

赏析

扁鹊为中国历史上的名医，本文介绍了扁鹊医术的来历，虽然带有一些神话色彩，但从中我们却可以看出扁鹊医术的高超。而这种神话色彩，又何尝不是人们对他医术的敬仰的反映呢？

"扁鹊"名字由来

他为什么被称为"扁鹊"呢？这是他的绰号。绰号的由来可能与《禽经》中"灵鹊兆喜"的说法有关。因为医生治病救人，走到哪里，就为哪里带去安康，如同翩翩飞翔的喜鹊，飞到哪里，给哪里带来喜讯。因此，古人惯将那些医术高明的医生称为扁鹊。秦越人在长期医疗实中，刻苦钻研，努力总结前人经验，大胆创新，成为一个学识渊博、医术高明的医生。他走南闯北，真心实意地为人民解除疾病的痛苦，获得人民普遍的敬仰和欢迎。于是，人们也尊敬地把他称为"扁鹊"。

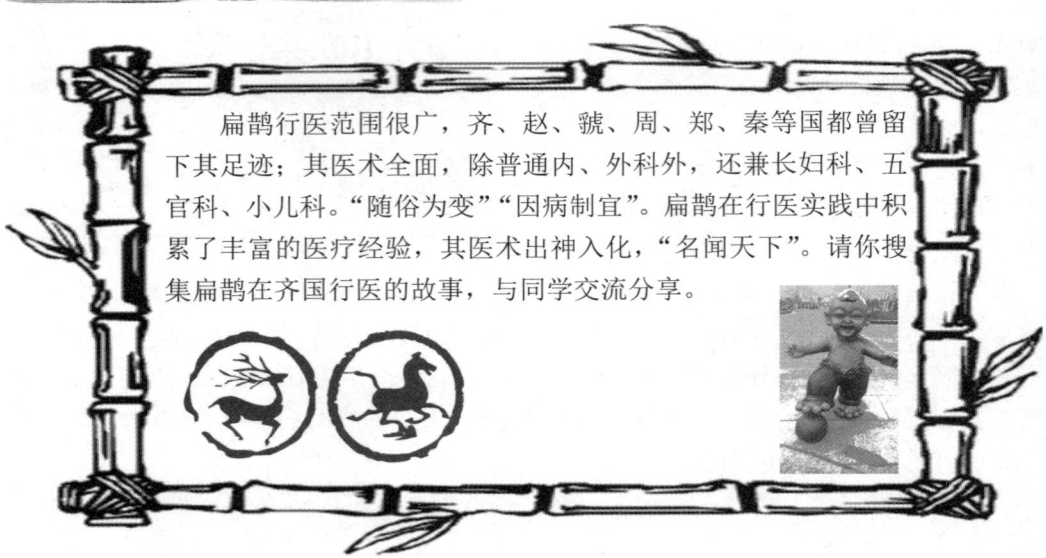

课外拓展

扁鹊行医范围很广，齐、赵、虢、周、郑、秦等国都曾留下其足迹；其医术全面，除普通内、外科外，还兼长妇科、五官科、小儿科。"随俗为变""因病制宜"。扁鹊在行医实践中积累了丰富的医疗经验，其医术出神入化，"名闻天下"。请你搜集扁鹊在齐国行医的故事，与同学交流分享。

参考文献：《史记·扁鹊仓公列传第四十五》、百度百科。

第26课　扁鹊外经（节选）

扁鹊弟兄三人均为当时名医，某日扁鹊为魏王针灸，魏王问扁鹊："你们兄弟三人到底哪一位医术最高？"扁鹊不假思索道："长兄最高，我最差。"魏王诧异。扁鹊道："我长兄治病于病发之前，一般人不知他是在为人铲除病源、防患于未然，所以他医术虽高，名气却不易传开；而我是治疗于病情发作和严重之后，大家就以为我的医术比长兄高明。"你从中看到了扁鹊哪些优秀品质？

经典诵读

当晋昭公时，诸大夫彊而公族弱，赵简子[1]为大夫，专国事。简子疾，五日不知人，大夫皆惧，于是召扁鹊。扁鹊入视病，出，董安于问扁鹊，扁鹊曰："血脉治也[2]，而何怪！昔秦穆公尝如此，七日而寤。"寤之日，告公孙支与子舆曰："我之帝所甚乐。吾所以久者，适有所学也[3]。帝告我："晋国且大乱，五世不安。其后将霸，未老而死。霸者之子且令而国男女无别。"公孙支书而藏之，秦策于是出。夫献公

之乱[4]，文公之霸[5]，而襄公败秦师于殽而归纵淫，此子之所闻。今主君之病与之同，不出三日必间，间必有言也。

——节选自《史记·扁鹊仓公列传第四十五》

注　释

[1]赵简子：晋大臣赵衰后代，又称赵鞅，掌握晋国大权。[2]血脉治也：血脉正常。治：安和、正常。[3]适：恰好。有所学：指天帝有训导，要求学习理会。[4]献公之乱：晋献公宠爱骊姬，信其谗言，导致晋国大乱。[5]文公之霸：晋文公重耳，因遭骊姬之难，在外流亡十九年，后由秦穆公发兵护送回国，立为晋君。修明内政，整饬法纪，国力始强。

译　文

在晋昭公的时候，众多大夫的势力强盛而国君的力量衰弱，赵简子是大夫，却独掌国事。赵简子病了，五天不省人事，大夫们都很忧惧，于是召来扁鹊。扁鹊入室诊视病后走出，大夫董安于向扁鹊询问病情，扁鹊说："他的血脉正常，你们何必惊怪！从前秦穆公曾出现这种情形，昏迷了七天才苏醒。醒来的当天，告诉公孙支和子舆说：'我到天帝那里后非常快乐。我之所以去那么长时间，是因为正好碰上天帝要指教我。天帝告诉我晋国将要大乱，会五代不安定。之后将有人成为霸主，称霸不久他就会死去。霸主的儿子将使你的国家男女淫乱。'公孙支把这些话记下收藏起来，后来秦国的史书才记载了此事。晋献公的混乱，晋文公的称霸，及晋襄公打败秦军在殽山后放纵淫乱，这些都是你所闻知的。现在你们主君的病和他相同，不出三天就会痊愈，痊愈后必定也会说一些话。"

赏　析

晋国大夫赵简子执掌国事时患病，五天昏迷不醒，大夫们都很担心。扁鹊看后断言不出三天赵简子会痊愈，结果果如扁鹊所说，这个故事表现了扁鹊高超的医术。

知识链接

扁鹊"六不治"

扁鹊在医疗活动过程中提出了"六不治"的原则,即"骄恣不论于理,一不治也;轻身重财,二不治也;衣食不能适,三不治也;阴阳并藏,气不定,四不治也;形羸不能服药,五不治也;信巫不信医,六不治也"。

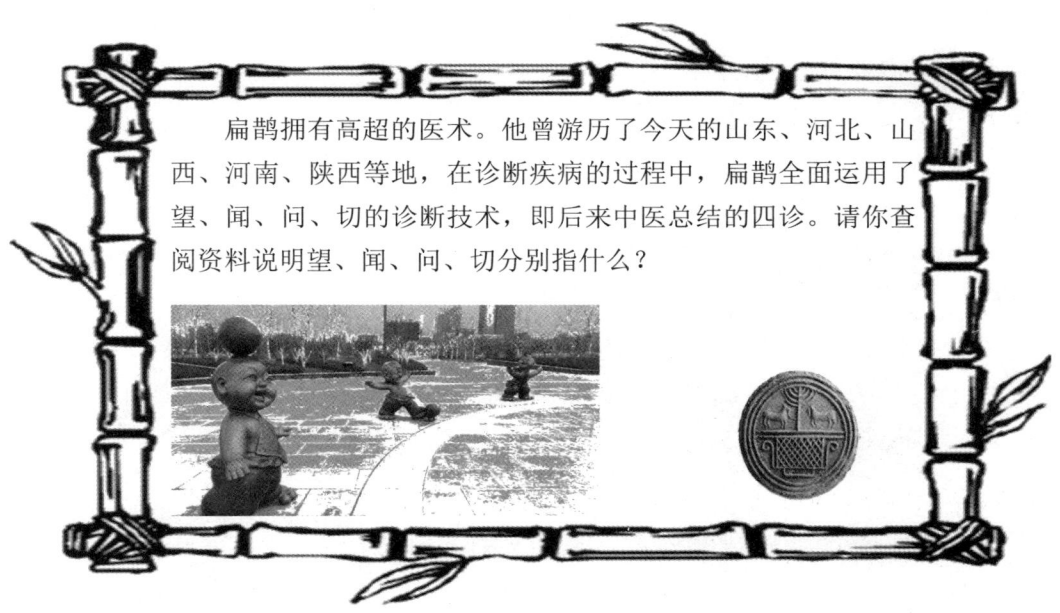

课外拓展

扁鹊拥有高超的医术。他曾游历了今天的山东、河北、山西、河南、陕西等地,在诊断疾病的过程中,扁鹊全面运用了望、闻、问、切的诊断技术,即后来中医总结的四诊。请你查阅资料说明望、闻、问、切分别指什么?

参考文献:《史记·扁鹊仓公列传第四十五》、百度百科。

第27课　淳于意·医例一

淳于意（约公元前205年至？），西汉初齐临淄（今山东淄博人），姓淳于，名意。淳于意曾任齐太仓令，精医道，辨证审脉，治病多验。曾从公孙光学医，并从公乘阳庆学黄帝、扁鹊脉书。后因故获罪当刑，其女缇萦上书文帝，愿以身代，得免。《史记》记载了他的二十五例医案，称为"诊籍"，是中国现存最早的病史记录。

经典诵读

齐王中子诸婴儿小子病，召臣意诊切其脉，告曰："气鬲（gé）病。病使人烦懑（mèn），食不下，时呕沫。病得之忧，数忔（yì）食饮。"[1]臣意即为之作下气汤以饮之，一日气下，二日能食，三日即病愈。所以知小子之病者，诊其脉，心气也，浊躁而经也，此络阳病也。脉法曰"脉来数疾去难而不一者，病主在心"[2]。周身热，脉盛者，为重阳。重阳者，逷心主[3]。故烦懑食不下则络脉有过，络脉有过则血上出，血上出者死。此悲心所生也，病得之忧也[4]。

——节选自《史记·扁鹊仓公列传第四十五》

注释

[1]"气鬲病",即气鬲,又名气痞。是忧思郁结,营卫气机涩滞所致之病,症见腹部微痛,心下痞满,食欲减退。[2]"浊躁",浊乱不安。"经",绞缠、扭结。"络阳病",阳邪缠绕所致的疾病。"脉来数疾去难而不一",脉来时急促,去时有为难状,乃阳邪干扰心脉之象。[3]"重阳",身热,脉急促而盛,症候与脉象皆属阳,故称重阳。其脉象为尺部、寸部均见阳脉。"遏"(yáng),摇荡,冲击。[4]"病得之忧",《素问·通评虚实论》:"隔塞闭绝,上下不通,则暴忧之病也。"

译文

齐王二儿子的男孩生病,召我去切脉诊治,我告诉他说:"这是气鬲病,这种病使人心中烦闷,吃不下东西,时常呕出胃液。这种病是因为内心忧郁,常常厌食的缘故。"我当即调制下气汤给他喝下,只一天鬲气下消,又过了两天就能吃东西,三天后病就痊愈了。我所以知道他的病,因为我切脉时,诊到心有病的脉象,脉象浊重急躁,这是阳络病。脉象理论说:"脉达于手指时壮盛迅速,离开指下时艰涩而前后不一,病在心脏。"全身发热,脉气壮盛,称作重阳。重阳就会热气上行冲击心脏,所以病人心中烦闷吃不下东西,就会络脉有病,络脉有病就会血从上出,血从上出的人定会死亡。这是内心悲伤所得的病,病得之于忧郁。

赏析

淳于意为中国历史上的名医,本文着重介绍了淳于意的一则医例,不仅写出了医治的效果,而且阐明了医理,处处可见其医术的高超。

中华传统文化

知识链接

淳于意简介

太仓公者，齐太仓长，临菑人也，姓淳于氏，名意[1]。少而喜医方术。高后八年，更受师同郡元里公乘阳庆[2]。庆年七十余，无子，使意尽去其故方，更悉以禁方予之，传黄帝、扁鹊之脉书，五色诊病[3]，知人死生，决嫌疑，定可治，及药论，甚精。受之三年，为人治病，决死生多验。

——节选自《史记·扁鹊仓公列传第四十五》

译文： 太仓这个人，是齐国都城管理粮仓的长官，他是临淄人，姓淳于名叫意。年轻却喜好医术。汉高后八年（公元前180年），再次向同郡元里的公乘阳庆拜师学习医术。这时阳庆已七十多岁，没有能继承医术的后代，就让淳于意把从前学的医方全部抛开，然后把自己掌握的秘方全给了他，并传授给他黄帝、扁鹊的脉书，观察面部不同颜色来诊病的方法，使他预先知道病人的生死，决断疑难病症，判断能否治疗，以及药剂的理论，都十分精辟。学了三年之后，为人治病，预断死生，多能应验。

课外拓展

读一读《史记·扁鹊仓公列传第四十五》中的经典医例，说说齐国人淳于意在医学上的贡献。

参考文献：《史记·扁鹊仓公列传第四十五》、百度百科。

第28课　淳于意·医例二

齐国的一个中大夫患了龋齿病，仓公分析病因有三：受过风、睡觉张口、吃过不漱口。治疗很简单，灸左手阳明脉，再用苦参汤漱口，五六天就痊愈了。如果大家有兴趣还可再看看其他二十三例病案，有的真的很神奇。仓公的医术为何能达到这样高的成就？怎么学成的？很值得我们去探究！

经典诵读

臣意曰："公所论远矣。扁鹊虽言若是，然必审诊，起度量，立规矩，称权衡，合色脉表里有余不足顺逆之法，参其人动静与息相应，乃可以论[1]。"论曰"阳疾处内，阴形应外者，不加悍药及镵（chán）石"。夫悍药入中，则邪气辟矣，而宛气愈深[2]。诊法曰"二阴应外，一阳接内者，不可以刚药"。刚药入则动阳，阴病益衰，阳病益箸，邪气流行，为重困于俞[3]，忿发为疽"。意告之后百余日，果为疽发乳上，入缺盆，死。

——节选自《史记·扁鹊仓公列传第四十五》

注释

[1]合色脉：色脉合参。将望面色和切脉象的变化互相参照，进行综合分析、推断病情的诊断方法。[2]宛气愈深：邪气更加恣肆，蓄积更深。[3]重困于俞：俞（shù），穴位。这里指全身经络穴位都处于困境，气血不通。

译文

我说："您的谈论错了。扁鹊虽然说过这样的话，然而必须审慎诊断，确立标准、订立规矩，斟酌权衡，依据参照色脉表里、盛衰、顺逆的原则，参验病人的举动与呼吸是否谐调，才可以下结论。医药理论说："体内有阳热病，体表反应阴冷症状的，不能用猛烈的药和砭石的方法医治。"因为强猛的药进入体内，邪气就会使热邪气更加恣肆，蓄积更深。诊病理论说："外寒多于内热的病，不能用猛烈的药。"因猛烈的药进入体内就会催动阳气，阴虚病症就会更严重，阳气更加强盛，邪气到处流动行走，就会重重团聚在腧穴，最后激发为疽。我告诉他一百多天后，果然疽发在乳上，蔓延到锁骨上窝后，就死了。

赏析

本文讲述了淳于意纠正他人错误观点的故事，告诉我们作为医生，应该全面掌握，精益求精，否则，如有一处没能深入学习理解，就会使识辨阴阳条理的事出现差错。

知识链接

淳于意终其一生，救人无数。他在中国医学史上占有极其重要的地位，为中华民族传统医学做出重大贡献。

首先，淳于意是世界上第一位创立病历（即诊籍、医案）的医学家。司马迁在《史记·扁鹊仓公列传》中，记载了他的二十五个病案实录，后人称为诊籍，是我国最早、最完整、最实际的病历于记录，是世界最早的医案著作和中国医学史上第一部病案专著，因而被推崇为医案鼻祖。

其次，淳于意在脉诊理论和实践上贡献突出。中医把脉诊病，是战国神医秦越人的发明。淳于意继承发展了他的理论，在原有二十种脉象的基础上又继续探索，提出二十二种新脉象。淳于意主张"治病人，发明了物理降温法，当病人高烧不退危及生命时，以冰块或冷湿巾降温。《史记》记载，淳于意为淄川必先切其脉"，按脉象进行诊断。

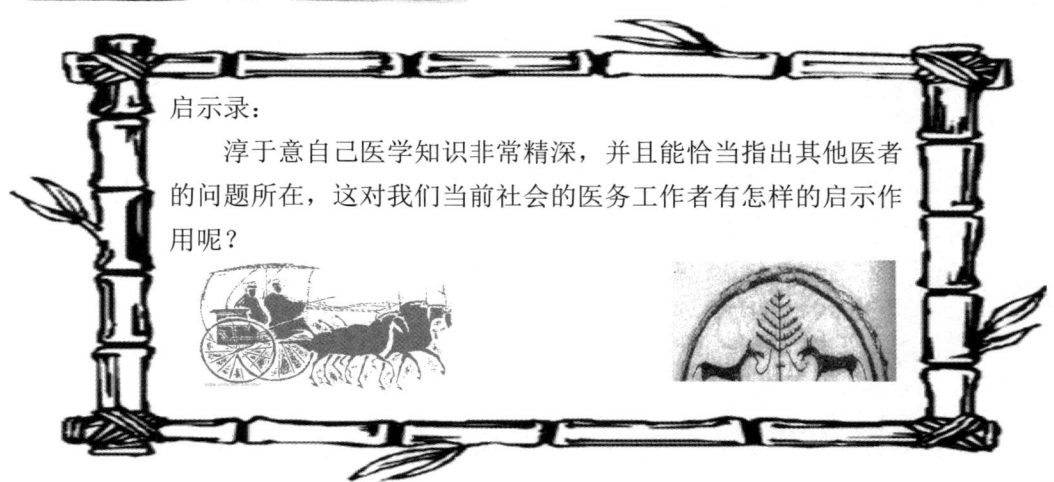

课外拓展

启示录：

淳于意自己医学知识非常精深，并且能恰当指出其他医者的问题所在，这对我们当前社会的医务工作者有怎样的启示作用呢？

参考文献：《史记·扁鹊仓公列传第四十五》、百度百科。

中华传统文化

活动与探究　扁鹊见蔡桓公（情景剧表演）

> 戏剧是一种综合性的舞台艺术，剧本是舞台演出的依据和基础。要想把课文中叙事性的诗文改编为课本剧，首先要懂得剧本的特点，然后才能根据其特点编出符合要求的课本剧。下面就让我们以《扁鹊见蔡桓公》为例，来了解课本剧这一艺术形式。

活动目标

通过表演扁鹊见蔡桓公这一剧本，让学生深刻理解这一故事，培养学生的表演、创造能力，同时增强同学间的合作意识，并借此提升学生对语文学习的兴趣。

活动方案

1. 推荐人选：班级内宣传课本剧，并通过自荐或他人推荐的方式，选出演员。
2. 班内表演：在全班表演展示，并在表演结束后由同学和老师对演员们的表现进行点评。

剧　本

时间：春秋时期
地点：扁鹊住所、蔡桓公王室
人物：扁鹊、蔡桓公、大臣、蔡桓公二侍从

道具：桌子、椅子、一副象棋
（扁鹊上）

扁鹊：大家好，鄙人姓秦，名越人。可能大家对这个名字很陌生。可民间对我的尊称一定会让你如雷贯耳。我，就是传说中的神医——扁鹊。今天我们蔡国的国君蔡桓公宣我觐见，不知所为何事，先去再说。
（进王宫，蔡桓公正与一侍从下棋）

扁鹊：（远观，自言自语）大王面色黯淡，双目无神，一定是操劳国事，龙体欠佳，我当为之解忧。

扁鹊：（走近，低声）大王，大王……

蔡桓公：（头也不抬）嗯！

扁鹊：大王，据我看来，您皮肤上有点小病。要不治，恐怕会向体内发展。

蔡桓公：（毫不在意）本王红光满面，生龙活虎，健康的不得了，哪有什么病？麻烦先生先出去，别妨碍寡人下棋。
（扁鹊下，回居所）

蔡桓公：（对左右侍从）这些大夫，就喜欢给没有病的人看病，然后说是自己的功劳，见人就说自己医术高明、妙手回春。以便邀功请赏！
（过了十天）

扁鹊：（坐卧不安）眼看十天过了，大王的病情不知可有好转，我得再去拜见拜见。
（扁鹊进王宫，蔡桓公正和一大臣商议公事）

扁鹊：（细看，忧虑）大王印堂发暗，看来病已发展到皮肉之间了，如果再不及时诊治，恐怕还会加深！

蔡桓公：（假装没听见）

扁鹊：（摇头，叹气，回）哎！
（又过十天）

扁鹊：（徘徊，犹豫不决）转眼又是十天，到底还去不去见蔡桓公呢？去吧，恐怕还是自讨没趣，甚至惹恼桓公，吃不了兜着走；不去吧，他毕竟是一国之君，一人安危关乎社稷苍生。去吧，豁出去了，谁叫咱是大夫，大夫的天职就是救死扶伤。
（扁鹊进王宫）

蔡桓公：（生气）你怎么又来了？是不是想告诉寡人，寡人的病更重了？

扁鹊：恕臣直言，大王的病确实已经发展到肠胃之中，再耽搁下去，会更加严重，请大王三思呀！

蔡桓公：（满脸不高兴）你三番五次吓唬寡人，寡人这些天吃喝玩乐，还不是活得有滋有味！

扁鹊：（连忙退出）不出半月，蔡桓公必体痛难耐而死，偌大蔡国，已再无我容身之地。

（十天后，扁鹊老远望见蔡桓公，立刻掉头就跑）

蔡桓公：哎呦，奇怪了，这次见我怎么跑了呢？来人呐……

（侍卫上前）你去问问是怎么回事？

（侍从跑向扁鹊问原因）

扁鹊：病在皮肤，用热水敷烫就能够治好；发展到皮肉之间，用针灸的方法可以治好；即使发展到肠胃里，服几剂汤药也还能治好；一旦深入骨髓，只能等死，医生再也无能为力了。现在大王的病已经深入骨髓，所以我不再请求给他医治！（扁鹊摇头叹气）

（五天后）

蔡桓公：（疼痛难忍）疼……好疼啊……快，快去请扁鹊！

（侍从退出去请扁鹊）

……

（侍从回）

侍从：报告大王，扁鹊几天前已经跑到秦国了。

蔡桓公：（疼痛，后悔）疼……好疼啊……早知道该听扁鹊的忠告啊！（趴桌子上死了！）

活动延伸

以《扁鹊见蔡桓公》为模板，将课本中的某一个故事改编为课本剧，并进行表演。

相关网站

百度百科

第八单元

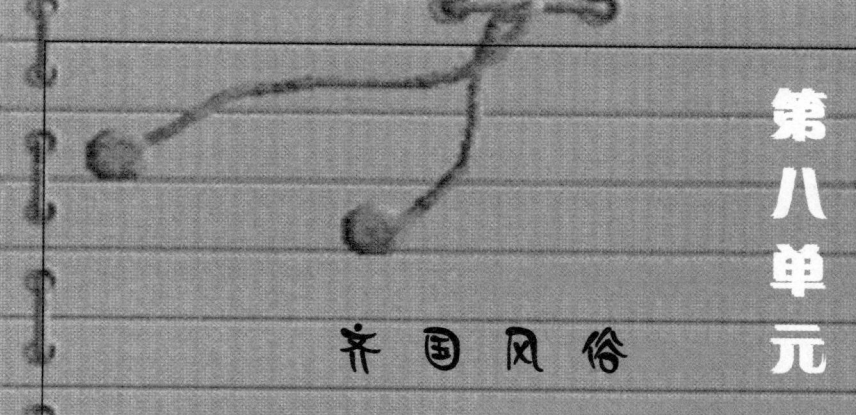

齐国风俗

　　齐风是齐俗的一个缩影,姜太公"因其俗,简其礼",开始了齐国民俗文化的建设,兼容东夷文化与周文化于一体,而创建了独具特色的齐文化。正是在此基础之上,形成了五彩缤纷的齐国民俗。本单元,我们将主要讲述齐国、齐地风俗中的求富图强和好仁重利。

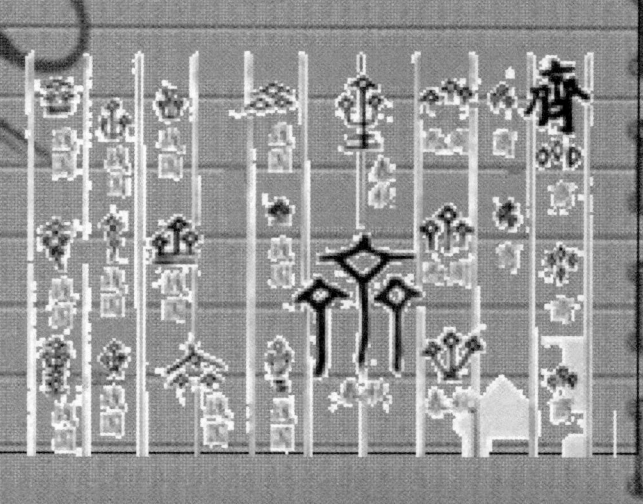

第29课　求富图强

> 戏剧是一种综合性的舞台艺术，剧本是舞台演出的依据和基础。要想把课文中叙事性的诗文改编为课本剧，首先要懂得剧本的特点，然后才能根据其特点编出符合要求的课本剧。下面就让我们以《扁鹊见蔡桓公》为例，来了解课本剧这一艺术形式。

齐人求富

齐国依山傍海，从而形成了"人民多文采布帛鱼盐"的经济风俗。姜太公封齐，根据齐地宜桑麻的特点，大力发展纺织业，即所谓"劝其女工，极技巧"。齐桓公时，把养桑麻作为富国富民的重要措施之一，"民之通于桑麻，使蚕不疾病者，皆置之黄金一斤，值食八石"的奖励。还通过"春贷"及保证产品销路的措施，鼓励人民从事纺织业的生产。由于统治者的重视，齐国遂成为"冠带衣履天下"的纺织中心。至汉代，齐国仍是全国的纺织中心之一。西汉时在临淄设有三服官，每年用精美的丝织品制作皇室宫廷所用的春、夏、秋三季的服装。同时，临淄也是汉王朝对外丝绸贸易的主要供给地之一。齐地"人民多文采布帛"，不仅说明了齐地人民的服饰风俗，而且反映了齐地纺织业、染织业的发达。

鱼盐是齐国赖以致富的重要物产。太公治齐"通商工之业，便

鱼盐之利，而人民多归齐，齐为大国"。桓公"既得管仲，与鲍叔、隰朋、高傒修齐国政，设轻重鱼盐之利"。其对商业和外贸的重视前所未有。这自然促成了齐地人民以鱼盐为业，竞相致富的经济风俗。春秋时期齐国铁制工具的出现，提高了生产力。齐桓公时期，由于管仲的改革，采取农工商并举的政策，铸行刀币，鼓励经商，使齐国强盛，成为东方大国，并首霸诸侯。

齐国地域博大，有山有海，这种自然环境造成齐人以大为美，"宽缓阔达"之风。

齐人图强

"勇于持刺"是齐人有崇武尚勇的风俗。齐为东夷之地，东夷人善射。姜太公封于齐，周天子从安邦定国的大计出发，曾授予他"五侯九伯，实得征之"的特权。春秋时，齐国为"五霸"之首；战国时，齐国为"七雄"之强。这些宏伟功业的取得，都与齐国执政者实施强兵之策，崇武尚勇有直接关系。齐桓公"作内政而寄军令"，使兵民合一，平时为民，战时为兵。春、秋两季则举行大规模的军事训练，使齐国军队将勇兵强。齐威王更重视军队建设，重视兵法的研究。正因为齐国统治者把崇武尚勇作为强国之策，才使"齐地方二千余里，带甲数十万，粟如丘山。三军之良，五家之兵，进如锋矢，战如雷霆，解如风雨。——齐之强，天下莫能当"。这也是齐国成为春秋首霸、战国七雄之强的重要原因，也是齐人崇武尚勇的原因所在。

中华传统文化

知识链接

齐长城

　　齐长城始建于春秋时期，完成于战国时期，齐国是我国历史上最早修筑长城的国家，齐长城又是春秋战国时期各国所筑长城中现遗迹保护较多的一处，从齐长城现存遗迹的考察中可见当时整个长城建筑之一斑。通过对齐长城的全面考察研究，可窥春秋战国时期齐国政治、经济、军事、文化科学技术发达和繁荣的盛况。

　　据史载在春秋战国时期不到三百年的时间内，就发生过规模不同的战争四百八十余次。战争的目的是为了保存自己、消灭敌人、扩大国土、增强势力，故而出现了春秋五霸和战国七雄的称霸争雄局面。而各国间的不断战争，又迫切要求加强防御工事，当时修筑长城是各国通用的方法。地处我国东方的齐国，南近鲁楚，西有晋宋，北邻燕赵，因鲁晋春秋时为强国，齐鲁交界所处又有泰沂山脉相隔，具备修筑长城的自然地理条件，故齐国在春秋战国时期为了加强防御而修长了长城。

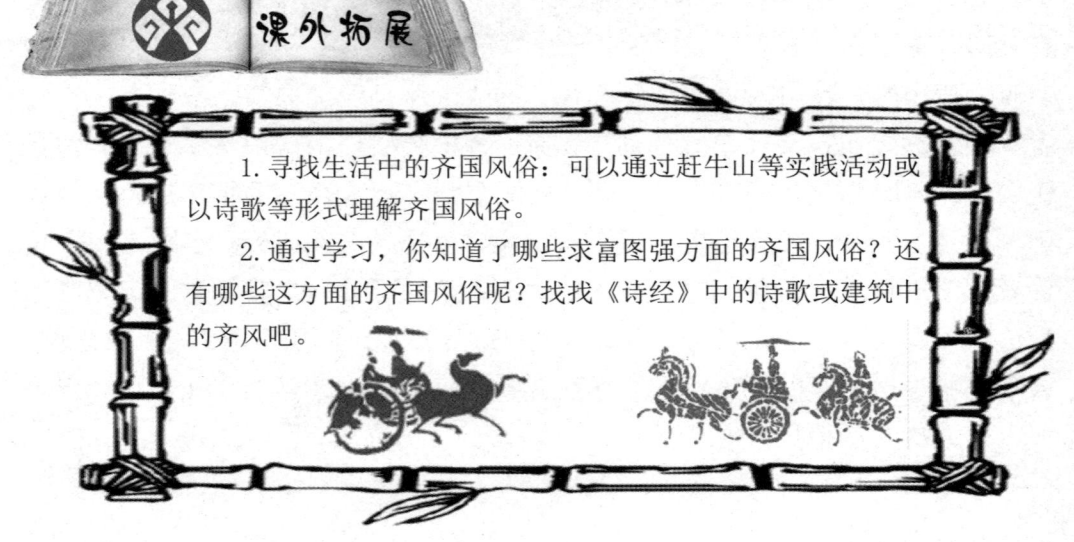

课外拓展

　　1.寻找生活中的齐国风俗：可以通过赶牛山等实践活动或以诗歌等形式理解齐国风俗。

　　2.通过学习，你知道了哪些求富图强方面的齐国风俗？还有哪些这方面的齐国风俗呢？找找《诗经》中的诗歌或建筑中的齐风吧。

参考文献：齐文化发展史、百度百科。

第30课　好仁重利

> 管子说：人之常情没有不爱生而恶死的，也没有不爱利而恶害的，人有利则来，有害则去。人民趋利，就像水往下流一样，不管东西南北。所以，要招来民众，先创造对他们有利的条件，虽不招而民自至。如对他们有害，虽招而不来。你对这种重利的观点怎么看？

齐国好仁

在齐国历史上有许多国君以民为本，礼仪治国，姜太公就是典范。

周文王问姜太公："什么是仁义？"

太公说："敬重自己的民众，团结自己的宗室亲族。敬重民众，君民关系就和顺，团结宗室亲族，家族就欢喜，这就是行仁义的准则。不要让人夺去您的权威，要凭自己的明察、顺应规律。以恩德对待顺服的人，以武力对付、消灭反对自己的人。敬重这些原则，天下就会和顺服从。"

爱民之道，就是以仁义之道，修德惠民，使民和服。如太公所言：要尊重民意，敬爱民众，聚合宗亲，行仁举义，就会受到民众的拥护爱戴，这样使天下和服，就可以守土、固国而王天下。因此，威服天下者，不必专任武力，不可横暴百姓，而要以仁义为本，修德禁暴。这就是姜太公和《六韬》重视文韬而不轻武略，把经国与治军作为整体而论的高明之处。他治国安民用仁道、施仁政、重教化，因

民俗、顺民情。这就充分表现了姜太公治政的出发点和归宿地都是为了爱民。

齐人重利

齐国人有崇商重利的意识，管子在《禁藏》中说：凡人之常情，见利没有不追求的，见害没有不想躲避的。商人做买卖，一天赶两天的路，夜以继日，千里迢迢而不以为远，是因为利在前面。渔人下海，海深万仞，在那里逆流冒险，航行百里，昼夜都不出来，是因为利在水中。所以，利之所在，即使千仞的高山，人们也要上；即使深渊之下，人们也愿意进去。所以，善治国者，掌握住利源之所在，人民就自然羡慕而甘心接受；无需推动，他们也会前进；无需引导，他们也会跟来；不烦民又不扰民，而人民自富。

商人和平民出身的管仲，对商人和平民的生活有真切的体验，对他们的心理把握得十分深刻、透彻。他认为，商人经商不辞劳苦，老百姓四处奔波，其根本目的就是求利，就是赚到钱。所谓"天下熙熙，皆为利来；天下攘攘，皆为利往"，就是这个道理。要想让商人来齐国，就要想办法让人家赚到钱，尝到来齐国的甜头，因为商人"千里迢迢而不以为远，是因为利在前面"。要想把天下之民留在齐国，就得想方设法给外地人以实惠。在齐国生活富裕，自然也就不想着回去。可见，齐国的经济发展源于管仲为代表的齐国执政者对人性普遍心理中"求利"特点的深刻认识。

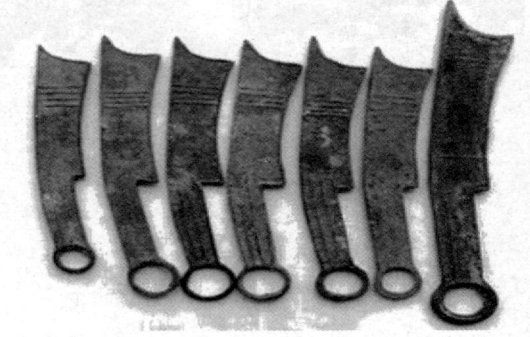

有人说，"重义轻利"是我们民族传统的价值观，这是片面的。在义利问题上，《管子》的价值观并不轻利，而是义利并重。因为求利乃人之常情，利是民生的基础，重利是贤明的表现。义利并重，利是基础，义是统率。

知识链接

晏婴以民为本，礼义治国

晏婴把"以民为本"作为谋划大事而取得成功的根本原则和方法，明确地指出：做事要从人民的利益出发，要为民着想，才能得到人民的支持，才能取得成功。

齐景公在位的时候，下雪下了几天不放晴。景公披着白色的狐皮大衣，坐在朝堂一旁台阶上。晏子进去朝见，站立了一会儿，景公说："奇怪啊！雪下了几天，天气却不冷。"晏子回答说："天气不冷吗？"景公笑了。晏子说："我听说古代贤德的国君，自己饱却知道别人的饥饿，自己温暖却知道别人的寒冷，自己安逸却知道别人的劳苦。现在君王不知道了。"景公说："好！我受到教诲了。"于是就拿出皮衣，发放粮食，给挨饿受冻的百姓。命令：在路上见到的，不必问他们是哪乡的；在里巷见到的，不必问他们是哪家的；巡视全国统计数字，不必记他们的姓名。已有职业的人发给两个月的粮食，病困的人发给两年的粮食。

晏子的"民本"思想还表现在他爱民的具体行动上，如齐景公的时候，雨一连下了十七天不停，景公却日日夜夜喝酒。晏子请求发放粮食给灾民，请求了多次，也没有被允许。于是晏子愤而回家，把自己家的粮食分给了老百姓。

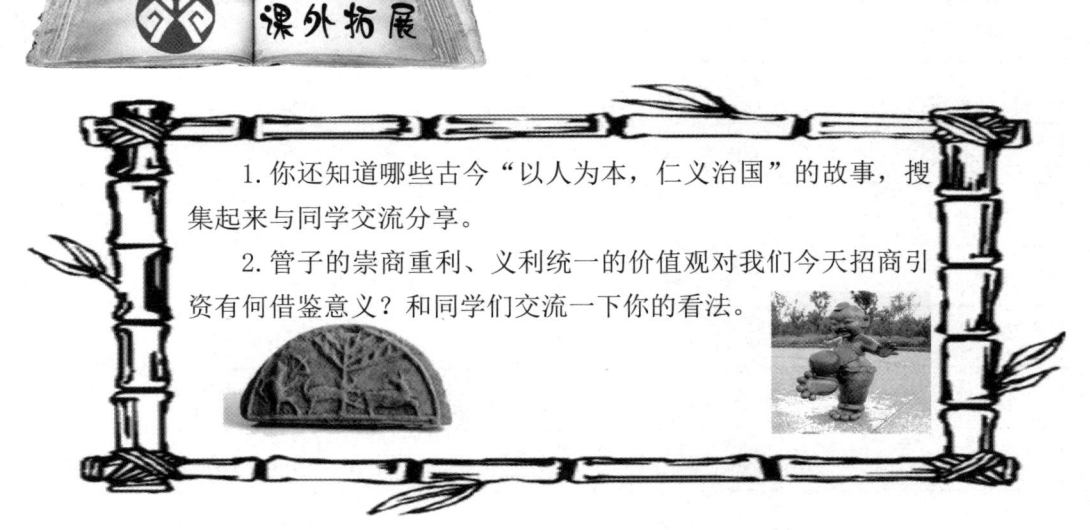

课外拓展

1. 你还知道哪些古今"以人为本，仁义治国"的故事，搜集起来与同学交流分享。

2. 管子的崇商重利、义利统一的价值观对我们今天招商引资有何借鉴意义？和同学们交流一下你的看法。

参考文献：《管子研究》、百度百科。

附1：周代齐国年表

（一）姜齐年表（公元前11世纪至公元前379年）

君　主	时间（公元前）	说　明
姜太公	1045—1015	在营丘建立齐国
丁公伋	1014—1010	太公长子
乙公得	1010—？	丁公弟
癸公慈母	？—？	乙公子
哀公不辰	？—867	癸公子
胡公静	866—859	哀公弟　迁都薄姑
献公山	859—851	胡公弟　复都营丘改名临淄
武公寿	850—825	献公子
厉公无忌	824—826	武公子
文公赤	815—804	厉公子
成公脱	803—795	文公子
庄公购	794—731	成公子　春秋小霸
僖公禄文	730—698	庄公子　春秋小霸
襄公诸儿	697—686	僖公子
公孙无知	686—685	襄公叔父子
桓公小白	685—643	襄公弟　春秋五霸第一
无诡	643.12—642.2	桓公子
孝公昭	642—633	桓公子

续表

君　主	时间（公元前）	说　明
昭公潘	632—613	桓公子
公子舍	613.5—613.10	昭公子
懿公商人	612—609	桓公子
惠公元	608—599	桓公子
顷公无野	598+582	惠公子
灵公环	581—554	顷公子
庄公光	553—548	灵公子
景会杵臼	547—490	庄公弟
晏孺子	489春—489.10	景公子
悼公阳生	488—485	景公子
简公壬	484—481	悼公子
平公骜	480—456	简公弟
宣公积	455—405	平公子
康公贷	404—379	宣公子。康公死，姜齐被田齐取代

（二）田齐年表（公元前386至公元前221）

君　主	时间（公元前）	说　明
太公和	386—384	田和为齐侯
齐侯剡	383—375	太公田和子
醒公干	374—357	
威王因齐	356—320	桓公子　战国称雄
宣子辟疆	319—301	威王子

续表

君　主	时间（公元前）	说　明
闵王地	300—284	宣王子
襄王法章	283—265	闵王子
齐王建	264—221	襄王子　被秦灭

附2：周代齐国历史大事记

时　　间	说　　明
公元前 1045 年	姜太公封于营丘（即今淄博市临淄区），建立齐国
公元前 866 年	齐胡公姜静把都城从营丘迁到了薄姑（今滨州市博兴县湖滨镇寨卞村北）
公元前 859 年	齐献公姜山复都营丘，将营丘改名为临淄
公元前 690 年	齐襄公姜诸儿灭掉纪国（都城在今寿光市纪台镇纪台村）
公元前 685 年	齐桓公姜小白即位
公元前 679 年	鄄地（今山东鄄城）会盟，齐桓公成为公认的霸主
公元前 672 年	陈完逃奔到了齐国，齐桓公任命他为工正，负责管理齐国的手工业
公元前 667 年	幽地会盟，周惠王的代表召伯廖以天子的名义，向齐桓公授予"侯伯"的头衔
公元前 664 年	齐桓公伐戎救燕
公元前 661 年、公元前 659 年	齐桓公两次伐狄救邢
公元前 660 年	齐桓公伐狄救卫
公元前 659 年	齐桓公伐楚，与楚订"召陵之盟"
公元前 651 年	葵丘（今河南省民权县或山东省鄄城县）会盟，标志着桓公的霸业达到顶峰
公元前 645 年	管仲病逝
公元前 643 年	齐桓公被饿死
公元前 589 年	晋、鲁、曹、卫伐齐，双方在鞌（今济南附近）展开激战
公元前 567 年	齐灵公灭莱
公元前 523 年	齐景公伐莒，攻破纪鄣（今江苏省赣榆县东北）

续表

时　间	说　　明
公元前 517 年	鲁国内乱，鲁昭公投奔齐国；孔子来齐闻韶
公元前 481 年	田常兄弟逐杀监止、齐简公姜壬，立齐平公姜骜
公元前 386 年	田和正式成为齐侯，列名于周朝王室
公元前 379 年	齐康公姜贷死，姜氏齐国的历史结束
公元前 353 年	齐、魏桂陵之战，齐国大胜
公元前 341 年	齐、魏马陵之战，齐国大胜
公元前 334 年	徐州相王，齐威王称王称雄，齐国"最强于诸侯"
公元前 314 年	齐宣王命令匡章率军占领燕国
公元前 301 年	齐宣王命令匡章与魏将公孙喜、韩将暴鸢率领三国联军进攻楚国，在垂沙（今河南唐河境）杀得楚军大败
公元前 288 年	秦昭王与齐湣王共同称帝，秦昭王为西帝，而齐湣王为东帝
公元前 286 年	齐湣王灭宋
公元前 284 年	燕昭王任命乐毅为上将军，率领燕、赵、韩、魏、秦五国合纵攻齐。燕军攻破临淄，攻下齐国七十余城，仅剩下了即墨（今山东即墨北）和莒邑（今山东莒县）
公元前 279 年	田单在即墨火牛阵破燕，收复齐国被占领土，迎接齐襄王回临淄主政
公元前 221 年	秦王命令王贲率军击齐，齐王建投降，齐国灭亡

编后语：

为落实教育部《完善中华优秀传统文化教育指导纲要》精神，由宋爱国同志倡导和发起，张成刚同志积极推进，组成了《中华传统文化——走进齐文化》编委会，编写了本书，旨在使广大中小学生通过对齐文化的学习和了解，感悟齐文化的丰富多彩和博大精深，激发热爱齐文化的情感，提高对齐文化的认同度，从而探究齐文化，发掘齐文化，弘扬和光大齐文化，共建中华民族文化的精神家园。

徐广福拟定《〈中华传统文化——走进齐文化〉编写大纲》，确立了编写的指导思想、编写的原则、编写的思路、编写的体例、编写的内容和编写的目录；李德刚、吴同德、于建磊负责分册编写的组织、统稿、审稿和修订工作；王鹏、朱奉强、许跃刚、李新彦多次组织相关会议，推动了本书的编写工作；各分册的编写人员尽心竭力，按时完成了编写任务。

本书在项目论证、具体编写、审稿修订的过程中，得到了社会各界的帮助。齐文化专家宣兆琦教授对本书的编写纲要提出了很好的意见和建议；临淄区齐文化研究中心、齐文化研究社鼎力相助，宋玉顺、王金智、姜建、姚素娟、王景甫、王本昌、王方诗、邵杰、胡学国、王毅等专家给予了热情指导和真诚帮助，在此表示衷心感谢！

我们还要感谢试用本书的广大师生和读者。限于时间和水平，本书难免会存在一些问题，希望在试用过程中，及时把意见和建议反馈给我们，以便我们进一步改进和优化，提高本书的内涵品质。

《中华传统文化——走进齐文化》编委会

2023 年 2 月